壬申の乱

帝位はどちらの皇子に？

小前亮 著
斎賀時人 絵

ものがたり日本の乱 5

理論社

ものがたり日本の乱 5

壬申の乱

帝位はどちらの皇子に？

目次

登場人物

中臣鎌足《なかとみのかまたり》

中大兄皇子（天智天皇）を支える側近

中大兄皇子《なかのおおえのおうじ》（天智天皇《てんじてんのう》）

大化改新の中心人物

大海人皇子《おおあまのおうじ》

天智天皇の弟

額田王《ぬかたのおおきみ》

天智天皇の妻、大海人皇子の元妻、歌人

鸕野讚良《うののさらら》

天智天皇の娘、大海人皇子の妻

十市皇女《とおちのひめみこ》
大海人皇子と
額田王の娘、
大友皇子の妻

大友皇子《おおとものおうじ》
天智天皇の息子

高市皇子《たけちのみこ》
大海人皇子の息子、
大海人軍の
総指揮官

大津皇子《おおつのみこ》
大海人皇子の息子、
高市皇子とは
異母兄弟

大分稚臣《おおきだのわかおみ》
大海人軍の勇者

智尊《ちそん》
大友軍の勇者

登場人物系図と関係地図

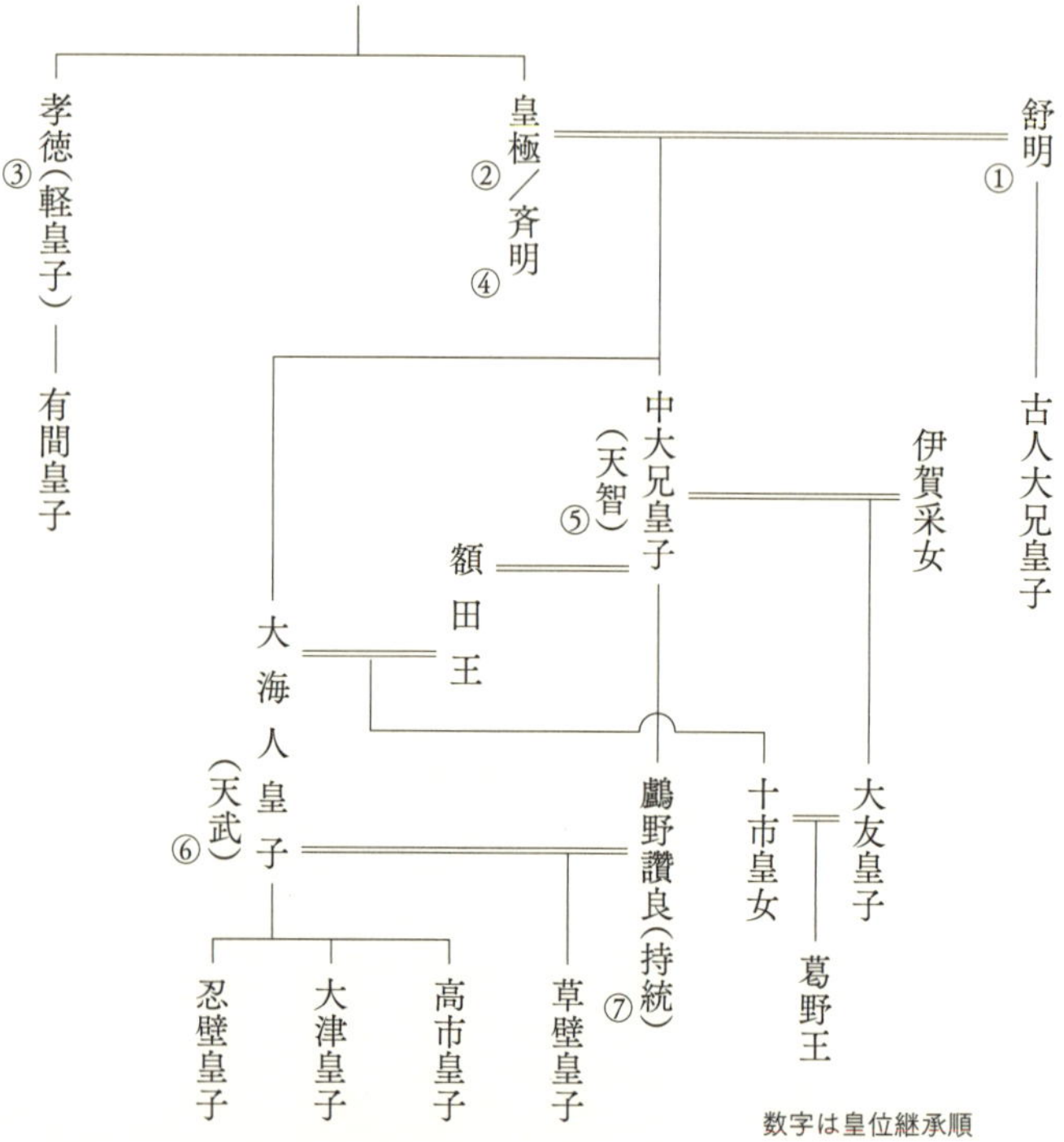

数字は皇位継承順

一章

乙巳《いっし》の変

1

皇極天皇《こうぎょくてんのう》四年（西暦《せいれき》六四五年）六月十二日……。

その日、朝鮮《ちょうせん》半島からの使者が、飛鳥《あすか》の都を訪《おとず》れていた。使者を迎《むか》える儀式《ぎしき》が、皇極天皇《こうぎょくてんのう》と重臣たちの前でおこなわれている。皇極天皇《こうぎょくてんのう》は先代の舒明天皇《じょめいてんのう》の皇后《こうごう》で、女帝《じょてい》であった。政治《せいじ》の実権《じっけん》を握《にぎ》っているのは、大臣の蘇我入鹿《そがのいるか》である。

雨が降《ふ》るなか、宮殿《きゅうでん》はものものしい雰囲気《ふんいき》につつまれていた。参加者の一部はひどく緊張《きんちょう》していて、着物が汗《あせ》で重くなっている。

蘇我倉山田石川麻呂《そがのくらやまだのいしかわまろ》が、使者から天皇《てんのう》への手紙を読みあげた。その声がふるえていたので、蘇我入鹿《そがのいるか》は眉《まゆ》をひそめた。

「どうした？　なぜふるえている」

石川麻呂《いしかわまろ》のこめかみを冷《ひ》や汗《あせ》がつたった。

「し、失礼いたしました。天皇陛下《てんのうへいか》の御前《ごぜん》ですから、気が張《は》っているのです」

中大兄皇子《なかのおおえのおうじ》はその問答を柱の陰《かげ》で聞いていた。心のうちでつぶやく。

「まずい。このままでは企《くわだ》ては失敗する」

中大兄皇子《なかのおおえのおうじ》は、舒明天皇《じょめいてんのう》と皇極天皇《こうぎょくてんのう》の息子《むすこ》で、この年二十歳《はたち》になる。反蘇我《そが》氏の中臣鎌足《なかとみのかまたり》と語らって、蘇我入鹿《そがのいるか》を倒《たお》し、権力《けんりょく》を手にしようとしていた。この場で入鹿《いるか》を暗殺《あんさつ》する計画だったのだが、二人いる実行役は怖《お》じ気《け》づいたのか、姿《すがた》を見せない。仲間の石川麻呂《いしかわまろ》もどうしていいかわからないようだ。

中大兄皇子《なかのおおえのおうじ》は決断《けつだん》した。自分がやるしかない。剣《けん》を抜《ぬ》いて柱の陰《かげ》から飛び出し、入鹿《いるか》に背後《はいご》から斬《き》りかかる。振《ふ》り返った入鹿《いるか》が目をむいた。

「な、何だ!?」

中大兄皇子《なかのおおえのおうじ》の剣《けん》は入鹿《いるか》の頭をかすめ、肩《かた》に刺《さ》さった。それを見て、実行役の二人も駆《か》けこんでくる。二本の剣《けん》が、入鹿《いるか》に突《つ》きこまれた。

ぐえっ、とうめき声をあげて、入鹿《いるか》は倒《たお》れた。這《は》うようにして、天皇《てんのう》のもとへ行こうとする。

「私《わたし》に何の罪《つみ》が……」

中大兄皇子《なかのおおえのおうじ》が声を張《は》りあげる。

「蘇我入鹿《そがのいるか》を謀反《むほん》の罪《つみ》で処刑《しょけい》します」

雨の音が強くなった。皇極天皇《こうぎょくてんのう》は青い顔をしていたが、やがて目と口をおおって、宮殿《きゅうでん》の奥《おく》へと下がった。

入鹿《いるか》は血だまりのなかで息絶《いきた》えた。

中大兄皇子《なかのおおえのおうじ》と中臣鎌足《なかとみのかまたり》はただちに軍備《ぐんび》をととのえ、蘇我《そが》氏の館を襲《おそ》った。

「蘇我《そが》氏に味方する者は天が許《ゆる》さぬ。死にたくない者は去れ！」

中大兄皇子《なかのおおえのおうじ》が自信に満ちた声で命じると、多くの兵が逃《に》げ出した。これまで蘇《そ》我《が》氏にしたがっていた豪族《ごうぞく》たちは、形勢《けいせい》不利とみて降伏《こうふく》した。

蘇我《そが》氏をひきいる蘇我蝦夷《そがのえみし》は、中大兄皇子《なかのおおえのおうじ》を激《はげ》しくののしった。

「恩《おん》知らずの若造《わかぞう》めが！　長らく国を支《ささ》えてきたこの私《わたし》に刃《やいば》を向けるとは、非道《ひどう》にもほどがある」

だが、蝦夷《えみし》のもとにはほとんど兵が残っていない。館は完全に包囲《ほうい》されており、脱出《だっしゅつ》するのは不可能《ふかのう》だ。蝦夷《えみし》は敗北を認《みと》めざるをえなかった。

「もはやこれまでか。だが、蘇我《そが》の財産《ざいさん》はおまえたちには渡《わた》さぬ」

蝦夷《えみし》は館に火を放って、みずから死を選んだ。たくわえていた金銀財宝《ざいほう》や、歴《れき》史《し》を記した書物が灰《はい》となった。

炎《ほのお》は天をこがす勢《いきお》いで燃《も》えさかり、黒煙《こくえん》が雷雲《らいうん》のごとくわきたっている。火の粉《こ》が舞《ま》い、木の焼けるにおいがただよう。館を包囲《ほうい》した中大兄皇子《なかのおおえのおうじ》の軍は、すぐには消火にかかれず、遠巻《とおま》きに見守るだけだ。

蘇我《そが》氏の栄華《えいが》が、焼きつくされていく。中大兄皇子《なかのおおえのおうじ》はその様子を見ながら、決意を新たにしていた。

「本当の戦いはこれからだ。理想の国をつくるのだ」

それは、覚悟《かくご》していたより、はるかに困難《こんなん》な戦いであった。

中大兄皇子《なかのおおえのおうじ》らが蘇我《そが》氏を倒《たお》した政変《せいへん》を、この年の干支《えと》から乙巳《いっし》の変という。

蘇我《そが》氏は、推古天皇《すいこてんのう》や舒明天皇《じょめいてんのう》の時代に政治《せいじ》の中心にあって、天皇《てんのう》をしのぐほどの力を持っていた。対立する勢力《せいりょく》は、皇族《こうぞく》であっても滅《ほろ》ぼされた。そのやり方が強引《ごういん》だったので、反発する者が多く、乙巳《いっし》の変につながったのである。

皇極天皇《こうぎょくてんのう》は蘇我《そが》氏が立てた天皇《てんのう》だから、蘇我《そが》氏を否定《ひてい》した中大兄皇子《なかのおおえのおうじ》らとしては、天皇《てんのう》を替《か》えなければならない。中大兄皇子《なかのおおえのおうじ》は、次の天皇《てんのう》について中臣鎌足《なかとみのかまたり》と相談した。

「私《わたし》が天皇《てんのう》となるわけにはいかないだろうか」

「それは時機が早いと存《ぞん》じます」

鎌足《かまたり》は首を横に振《ふ》った。

「殿下《でんか》はまだお若《わか》い。それに、争乱《そうらん》の後にすぐに天皇《てんのう》となったのでは、批判《ひはん》する者が多く出るでしょう」

このころの天皇《てんのう》は、三十歳《さい》を超《こ》えているのが望ましいと考えられていた。また、親から子へ、ではなく、兄から弟へと受け継《つ》がれることが多かった。兄弟がいなくなれば、次の世代の年長者が選ばれる。天皇《てんのう》の力がまだ弱く、国の政治体制《せいじたいせい》もしっかりと定《さだ》まっていなかったので、経験《けいけん》や政治能力《せいじのうりょく》が必要だったからだ。しかしそれでも、天皇《てんのう》は蘇我《そが》氏をおさえられなかった。国の安定のために、強い天皇《てんのう》が求められている。

中大兄皇子《なかのおおえのおうじ》は二十歳《はたち》で、帝位《ていい》につくには若《わか》すぎる。天皇《てんのう》になるために蘇我《そが》氏を滅《ほろ》ぼした、と思われるのも得策《とくさく》ではない。

中臣鎌足《なかとみのかまたり》はこの年、三十二歳《さい》。蘇我《そが》氏を倒《たお》す計画を立てた人物である。秘密《ひみつ》をもらさずに仲間を集め、大事を成功にみちびいたことからもわかるように、すぐれた政治力《せいじりょく》と人をみる目を持っていた。性格《せいかく》は慎重《しんちょう》であり、決断力《けつだんりょく》のある中大兄《なかのおおえの》皇子《おうじ》にとっては、最良の側近である。

「軽皇子《かるのみこ》様を立てましょう」

軽皇子《かるのみこ》は皇極天皇《こうぎょくてんのう》の同母弟《どうぼてい》で、中大兄皇子《なかのおおえのおうじ》にとっては叔父《おじ》にあたる。五十歳《さい》に達しており、年齢《ねんれい》の面では申し分ない。

実は、中臣鎌足《なかとみのかまたり》は当初、軽皇子《かるのみこ》を蘇我《そが》氏打倒《だとう》の指導者《しどうしゃ》にしようと考えていた。ところが、政治《せいじ》の話をしてみたところ、軽皇子《かるのみこ》の器《うつわ》が小さいとわかったので、よりふさわしい指導者《しどうしゃ》を求めて中大兄皇子《なかのおおえのおうじ》に近づいたのである。

「殿下《でんか》には皇太子《こうたいし》になっていただきます」

中大兄皇子《なかのおおえのおうじ》は次の天皇《てんのう》として、政治《せいじ》をおこなえばいいと言う。

「なるほど、それならば、みなを納得《なっとく》させられるだろう」

中大兄皇子《なかのおおえのおうじ》は満足してうなずいた。そもそも、天皇《てんのう》が生前に譲位《じょうい》するというのも、前例がないことだ。新しい天皇《てんのう》が若《わか》い息子《むすこ》であるより、年を重ねた弟であるほうが、豪族《ごうぞく》たちに刺激《しげき》が少ない。

だが、軽皇子《かるのみこ》は即位《そくい》をしぶった。

「次の天皇《てんのう》は古人大兄皇子《ふるひとのおおえのみこ》様に決まっていたのではないか」

中臣鎌足《なかとみのかまたり》がきっぱりと否定《ひてい》する。

「それは無理というものです。古人大兄皇子《ふるひとのおおえのみこ》様には、蘇我《そが》氏の勝手を許《ゆる》した責任《せきにん》がありますから」

古人大兄皇子《ふるひとのおおえのみこ》は、中大兄皇子《なかのおおえのおうじ》の異母兄《いぼけい》である。蘇我《そが》氏との結びつきが強く、蝦夷《えみし》と入鹿《いるか》は、古人大兄皇子《ふるひとのおおえのみこ》を皇極天皇《こうぎょくてんのう》の後継《あとつ》ぎと考えていた。乙巳《いっし》の変が起きた後、古人大兄皇子《ふるひとのおおえのみこ》は身の危険《きけん》を感じて、出家すると言い出している。

「……仕方あるまい」

軽皇子《かるのみこ》は最終的に即位《そくい》を受け入れた。これが孝徳天皇《こうとくてんのう》である。

即位《そくい》とともに、日本ではじめて年号が定《さだ》められた。「大化《たいか》」という。そのため、乙巳《いっし》の変からはじまった政治改革《せいじかいかく》は、大化《たいか》の改新と呼《よ》ばれている。

中大兄皇子《なかのおおえのおうじ》と中臣鎌足《なかとみのかまたり》は、律令《りつりょう》という法をもとにした天皇《てんのう》中心の政権《せいけん》をつくろうと考えていた。中国の隋《ずい》や唐《とう》といった王朝を手本に、中央に権力《けんりょく》を集め、安定した政治体制《せいじたいせい》を築《きず》くつもりだった。

中央集権体制《ちゅうおうしゅうけんたいせい》をめざす点では、蘇我氏《そがし》に支《ささ》えられていた推古天皇《すいこてんのう》や厩戸皇子《うまやとのおうじ》の政治《せいじ》の延長《えんちょう》にある。だが、政治改革《せいじかいかく》は簡単《かんたん》には実行できなかった。蘇我氏《そがし》を滅《ほろ》ぼしたとはいえ、豪族《ごうぞく》たちの力はまだ強い。事を急げば、反乱《はんらん》が起きるかもしれなかった。反対の声をおさえ、ときには譲《ゆず》りながら、ゆっくりと改《かい》革《かく》を進めなければならない。

そして、反乱《はんらん》の芽はあらかじめ摘《つ》んでおく必要があった。

2

乙巳《いっし》の変から三ヵ月後、中大兄皇子《なかのおおえのおうじ》は吉野《よしの》に兵を進めていた。吉野《よしの》は大和国《やまと》（今の奈良県）南部の山岳《さんがく》地帯である。出家した古人大兄皇子《ふるひとのおおえのみこ》が、修行《しゅぎょう》のために、この地に引っこんでいた。

中大兄皇子《なかのおおえのおうじ》が出兵したのは、その古人大兄皇子《ふるひとのおおえのみこ》を討伐《とうばつ》するためだ。

「障害《しょうがい》はとりのぞくべきです」

中臣鎌足《なかとみのかまたり》に言われて、中大兄皇子《なかのおおえのおうじ》はためらいなく決断《けつだん》した。

「そうだな。あの人を生かしておくわけにはいかない」

蘇我《そが》氏と関係の深かった古人大兄皇子《ふるひとのおおえのみこ》は、中大兄皇子《なかのおおえのおうじ》の反対派《は》にかつぎだされるおそれがあった。本人に反乱《はんらん》の意思があるかどうかは問題ではない。悪い仲間が集まる旗印になるかもしれないので、放っておくのは危険《きけん》なのだ。

やがて、古人大兄皇子《ふるひとのおおえのみこ》が謀反《むほん》を企《たくら》んでいるという情報《じょうほう》がもたらされた。仲間による密告《みっこく》であるという。これはでっちあげであり、その情報《じょうほう》を信じる者はいなかったが、中大兄皇子《なかのおおえのおうじ》は命じた。

「謀反人《むほんにん》を討《う》て！」

そして、みずから百人近い兵をひきいて吉野《よしの》に向かったのである。

古人大兄皇子《ふるひとのおおえのみこ》は、吉野《よしの》の屋敷《やしき》を囲《かこ》まれてはじめて、自分が謀反人《むほんにん》とされていることを知った。その周りには一兵もいなかった。

「私《わたし》は無実だ。謀反《むほん》など計画していない。私《わたし》の望みはただ、残りの人生を仏道《ぶつどう》にささげるだけなのだ」

古人大兄皇子《ふるひとのおおえのみこ》は涙《なみだ》ながらに訴《うった》えたが、中大兄皇子《なかのおおえのおうじ》は冷たく告《つ》げた。

「多くの証言《しょうげん》がある。言い逃《のが》れは許《ゆる》さない」

中大兄皇子《なかのおおえのおうじ》は屋敷《やしき》に兵を突入《とつにゅう》させた。古人大兄皇子《ふるひとのおおえのみこ》は走って逃《に》げようとしたが、兵士《へいし》に背中《せなか》から斬《き》りかかられた。そのまま前のめりに倒《たお》れたところ、首をとられる。

その子どもも処刑《しょけい》され、妻《つま》たちは後を追って死んだ。ただ、古人大兄皇子《ふるひとのおおえのみこ》の仲間とされた者たちは、だれも罰《ばつ》を受けなかった。

異母兄《いぼけい》を排除《はいじょ》した中大兄皇子《なかのおおえのおうじ》は、都を飛鳥《あすか》から難波《なにわ》（今の大阪市）にうつした。新たに建築《けんちく》がはじまった宮殿《きゅうでん》は、天皇《てんのう》の住居《じゅうきょ》である内裏《だいり》と、政治《せいじ》をおこなう場を分けるつくりになっている。

この遷都《せんと》、つまり都の移転《いてん》には、政治《せいじ》が変わることを印象《いんしょう》づけるとともに、海に面した地を都として、国際情勢《こくさいじょうせい》に対応《たいおう》しやすくするねらいがあった。

当時、中国大陸に強大な統一《とういつ》王朝が生まれ、朝鮮《ちょうせん》半島に盛《さか》んに兵を送っていた。隋《ずい》と、それにつづく唐《とう》である。朝鮮《ちょうせん》半島には、高句麗《こうくり》、新羅《しらぎ》、百済《くだら》という三つの国があって争っており、日本もかかわっていた。唐《とう》が朝鮮《ちょうせん》半島まで支配《しはい》の手を伸《の》ばせば、朝鮮《ちょうせん》半島における日本の影響力《えいきょうりょく》が低下するだけでなく、唐《とう》に攻《せ》められる心配も出てくる。

日本は遣唐使《けんとうし》を送るなどして、唐《とう》と友好関係を築《きず》き、その文化や制度《せいど》を取り入れていたが、警戒《けいかい》はしなければならなかった。外国と渡《わた》り合うために国力を高めたい。それも、中大兄皇子《なかのおおえのおうじ》らの政治改革《せいじかいかく》の動機のひとつである。

難波《なにわ》への遷都《せんと》を、孝徳天皇《こうとくてんのう》は喜《よろこ》んだ。

「新しい都か。わくわくするな」

孝徳天皇《こうとくてんのう》は政治《せいじ》に対する意欲《いよく》を持っていた。持ちすぎるほどだった。

「天皇《てんのう》中心の政治《せいじ》をおこなうのだろう。他人の意見を聞きすぎるのはよくない。私《わたし》の考えで政治《せいじ》を進めていくぞ」

孝徳天皇《こうとくてんのう》と中大兄皇子《なかのおおえのおうじ》はやがて対立するようになった。政治《せいじ》の方向性《せい》は同じだが、どちらが主導権《しゅどうけん》を握《にぎ》るか、どれくらいの速さで改革《かいかく》を進めるかに違《ちが》いがある。孝徳天皇《こうとくてんのう》は周りを見ずに先を急ぐ傾向《けいこう》があり、中臣鎌足《なかとみのかまたり》とも意見が合わない。

大化《たいか》五年（西暦《せいれき》六四九年）三月、事件《じけん》が起こった。乙巳《いっし》の変で中大兄皇子《なかのおおえのおうじ》らに協力し、右大臣の地位についていた蘇我倉山田石川麻呂《そがのくらやまだのいしかわまろ》が、中大兄皇子《なかのおおえのおうじ》を殺《ころ》そうとしているという密告《みっこく》があったのだ。

中大兄皇子《なかのおおえのおうじ》は冷たく笑った。

「許《ゆる》すわけにはいかないな」

蘇我倉山田石川麻呂《そがのくらやまだのいしかわまろ》は孝徳天皇《こうとくてんのう》の側近である。ただ、天皇《てんのう》中心の政治《せいじ》には不満を持っており、政策《せいさく》に反対したこともあった。

中大兄皇子《なかのおおえのおうじ》は孝徳天皇《こうとくてんのう》に石川麻呂《いしかわまろ》の処分《しょぶん》を求めた。孝徳天皇《こうとくてんのう》は眉間《みけん》に深いしわくはなかった。


をよせた。

「本当なのか？　だれかの陰謀《いんぼう》ではないのか」

このとき、左大臣が病死した直後でもあった。孝徳天皇《こうとくてんのう》は石川麻呂《いしかわまろ》まで失いたくはなかった。

「とにかく、まずは真相を知りたい」

孝徳天皇《こうとくてんのう》は石川麻呂《いしかわまろ》に使者を送って事情《じじょう》を聞いた。

「天皇陛下《てんのうへいか》に直接《ちょくせつ》申しあげたく思います」

石川麻呂《いしかわまろ》はそう答えた。しかし、石川麻呂《いしかわまろ》は皇子殺害《おうじさつがい》を計画した罪人《ざいにん》とみなされている。天皇《てんのう》が直接《ちょくせつ》話すわけにはいかない。

石川麻呂《いしかわまろ》としては、中大兄皇子《なかのおおえのおうじ》らに対抗《たいこう》するには、孝徳天皇《こうとくてんのう》を味方につけるしかなかった。使者に対して言い訳《わけ》したところで、意味はないと考えていた。一方の孝徳天皇《こうとくてんのう》は石川麻呂《いしかわまろ》にこだわると、自分の身も危《あぶ》ない。仕方なく命じた。

「兵を送って石川麻呂《いしかわまろ》を討伐《とうばつ》せよ」

石川麻呂《いしかわまろ》は飛鳥《あすか》の寺まで逃《に》げて、妻子《さいし》とともに命を絶《た》った。孝徳天皇《こうとくてんのう》を支《ささ》える者は次々と減《へ》っていく。

白雉《はくち》四年（西暦《せいれき》六五三年）のことである。

中大兄皇子《なかのおおえのおうじ》は孝徳天皇《こうとくてんのう》に告《つ》げた。

「多くの者が飛鳥《あすか》に戻《もど》りたいと主張《しゅちょう》しています。都をうつしましょう」

これは相談ではなく、宣言《せんげん》であった。中大兄皇子《なかのおおえのおうじ》は孝徳天皇《こうとくてんのう》から完全に実権《じっけん》を奪《うば》おうとしていた。この年、孝徳天皇《こうとくてんのう》に助言していた僧侶《そうりょ》の旻《みん》が没《ぼっ》しており、もはや宮中に天皇《てんのう》の味方はいなかった。

しかし、孝徳天皇《こうとくてんのう》は首を横に振《ふ》った。

「断《ことわ》る。私《わたし》はこの宮殿《きゅうでん》が好きなのだ」

中大兄皇子《なかのおおえのおうじ》はかすかに眉《まゆ》をあげた。

「わかりました。ではおひとりで残ってください」

「え……？」

うろたえる孝徳天皇《こうとくてんのう》をよそに、中大兄皇子《なかのおおえのおうじ》は移転《いてん》の準備《じゅんび》を進めた。そして、前の皇極天皇《こうぎょくてんのう》や、孝徳天皇《こうとくてんのう》の皇后《こうごう》、息子《むすこ》らを連れて、飛鳥《あすか》に戻《もど》ってしまったのである。多くの役人もしたがい、孝徳天皇《こうとくてんのう》はひとり難波《なにわ》に残された。

孝徳天皇《こうとくてんのう》の皇后《こうごう》は、中大兄皇子《なかのおおえのおうじ》の同母妹である。年の離《はな》れた夫より、兄にしたがうことを選んだのであった。

皇后《こうごう》に去られたことが、孝徳天皇《こうとくてんのう》には何よりこたえた。悲しみにくれているうちに、病気になってしまう。翌年《よくねん》、孝徳天皇《こうとくてんのう》は亡《な》くなった。五十九歳《さい》であった。

政治《せいじ》の実権《じっけん》は、中大兄皇子《なかのおおえのおうじ》の手にある。中大兄皇子《なかのおおえのおうじ》は三十歳《さい》を前にしており、年齢《ねんれい》的には即位《そくい》してもおかしくない。しかし、このときも中臣鎌足《なかとみのかまたり》が反対した。

「位にこだわるのは得策《とくさく》ではありません。言われなき非難《ひなん》を受けるおそれがあります」

孝徳天皇《こうとくてんのう》は中大兄皇子《なかのおおえのおうじ》に殺《ころ》されたにひとしい。そうささやく者がいるのだ。天《てん》皇《のう》になれば、さらに声は大きくなるだろう。

「反対の声はおさえられると思うのだがな」

中大兄皇子《なかのおおえのおうじ》は不本意だったが、鎌足《かまたり》は譲《ゆず》らなかった。

「使わなくてもいいときに力を使うと、いざというときに困《こま》ります。無理はなさらぬほうがよいと思います」

「そこまで言うなら自重しよう」

中大兄皇子《なかのおおえのおうじ》は助言を受け入れた。天皇《てんのう》にふさわしい人物がいなかったので、皇《こう》極天皇《ぎょくてんのう》が再《ふたた》び即位《そくい》した。はじめての重祚《ちょうそ》（二度天皇《てんのう》になること）である。これを斉明《さいめい》天皇《てんのう》という。中大兄皇子《なかのおおえのおうじ》は引きつづき皇太子《こうたいし》として政治《せいじ》をとりしきった。

亡《な》くなった孝徳天皇《こうとくてんのう》には、有間皇子《ありまのみこ》という息子《むすこ》がいた。父が亡《な》くなったときは十五歳《さい》である。有間皇子《ありまのみこ》は身の危険《きけん》を感じていた。

「私《わたし》も罪《つみ》を着せられて殺《ころ》されるのではないか」

そこで、病気のふりをして、中大兄皇子《なかのおおえのおうじ》の警戒《けいかい》を解《と》こうとした。屋敷《やしき》で寝《ね》こんでいたり、温泉《おんせん》に湯治に行ったりして、他の皇族《こうぞく》や豪族《ごうぞく》とは距離《きょり》をとっていた。

そうして四年が過《す》ぎたある日、有間皇子《ありまのみこ》のもとをある男が訪《おとず》れた。名を蘇我赤《そがのあか》兄《え》といって、蘇我倉山田石川麻呂《そがのくらやまだのいしかわまろ》の弟である。

蘇我赤兄《そがのあかえ》は声をひそめて言った。

「殿下《でんか》のお悩《なや》みは存《ぞん》じあげております」

有間皇子《ありまのみこ》は警戒《けいかい》して返事をせず、無言で赤兄《あかえ》を見つめた。赤兄《あかえ》は斉明天皇《さいめいてんのう》と中《なかの》大兄皇子《おおえのおうじ》の批判《ひはん》を述《の》べたてる。

「おそれながら今の天皇陛下《てんのうへいか》は、税《ぜい》をしぼりとり、不必要な土木工事をおこなって民《たみ》を苦しめています。唐《とう》の国では、そのような君主は天の怒《いか》りにふれて滅《ほろ》ぼされると言われております」

有間皇子《ありまのみこ》は思わずうなずいていた。たしかに、斉明天皇《さいめいてんのう》は宮殿《きゅうでん》の建設《けんせつ》や、濠《ほり》や石垣《いしがき》といった防衛施設《ぼうえいしせつ》の整備《せいび》に金と労力をかけている。

赤兄《あかえ》が声をだんだんと高める。

「そもそも、あの者たちに天皇《てんのう》や皇太子《こうたいし》となる資格《しかく》があるのでしょうか。彼《かれ》らは敵対《てきたい》する者を次々と殺《ころ》してきた極悪人《ごくあくにん》です。血に汚《よご》れた犯罪者《はんざいしゃ》は、人の上に立つべきではありません」

「そのとおりだ」

赤兄《あかえ》の勢《いきお》いに乗せられて、有間皇子《ありまのみこ》は同意した。赤兄《あかえ》が笑《え》みを浮《う》かべてそそのかす。

「今こそ立ちあがるときです。殿下《でんか》に味方する者は私《わたし》の他にも大勢《おおぜい》います」

若《わか》い有間皇子《ありまのみこ》は自分をおさえられなかった。先に行動しなければ、いつか殺《ころ》される。そう考えた。このとき、斉明天皇《さいめいてんのう》や中大兄皇子《なかのおおえのおうじ》、中臣鎌足《なかとみのかまたり》といった朝廷《ちょうてい》の中心人物は、牟婁温泉《むろおんせん》（今の南紀白浜温泉《なんきしらはまおんせん》）に出かけて、都を留守《るす》にしていた。千載《せんざい》一遇《いちぐう》の好機ではないか。

「わかった。私《わたし》も覚悟《かくご》を決めよう」

二日後、赤兄《あかえ》の家で謀反《むほん》の計画が話し合われた。だが、話し合いの途中《とちゅう》で、有《あり》間皇子《まのみこ》がひじをおいていた台がこわれてしまった。

「不吉《ふきつ》だ。日を改めたほうがよい」

有間皇子《ありまのみこ》は自宅《じたく》に戻《もど》った。すると、赤兄《あかえ》は配下の兵を集めて告《つ》げた。

「謀反《むほん》だ。有間皇子《ありまのみこ》を捕《と》らえよ」

赤兄《あかえ》は有間皇子《ありまのみこ》の屋敷《やしき》を包囲《ほうい》するとともに、牟婁温泉《むろおんせん》に使者を送って中大兄皇《なかのおおえのおう》子《じ》に作戦の成功を報告《ほうこく》した。謀反《むほん》の誘《さそ》いは、有間皇子《ありまのみこ》をおとしいれるわなだったのである。

有間皇子《ありまのみこ》は謀反《むほん》の罪《つみ》で処刑《しょけい》された。十九歳《さい》であった。

3

西暦《せいれき》六六〇年、朝鮮《ちょうせん》半島の百済《くだら》が唐《とう》と新羅《しらぎ》に攻《せ》められて滅亡《めつぼう》した。

この知らせに、日本の朝廷《ちょうてい》は衝撃《しょうげき》を受けた。朝鮮《ちょうせん》半島では高句麗《こうくり》、新羅《しらぎ》、百済《くだら》の三国が争っており、そのなかで百済《くだら》が日本の一番の友好国であった。それが滅《ほろ》ぼされたとなると、今後の朝鮮《ちょうせん》半島情勢《じょうせい》、そして日本への影響《えいきょう》はどうなるのか。

唐《とう》は高句麗《こうくり》を滅《ほろ》ぼそうと何度も軍を送っている。今回の百済侵攻《くだらしんこう》も、高句麗討伐《こうくりとうばつ》のための戦略《せんりゃく》のひとつであるようだ。唐軍《とうぐん》は百済《くだら》に守備隊《しゅびたい》を残して、いったん本国へ引きあげた。

すると、百済《くだら》の復興《ふっこう》をかかげた反乱《はんらん》が起こった。百済復興軍《くだらふっこうぐん》は奮闘《ふんとう》し、一時は唐《とう》や新羅《しらぎ》の軍を打ち負かした。そして、日本に援軍《えんぐん》を求める。日本には、百済《くだら》の王子が人質《ひとじち》として滞在《たいざい》していた。その王子に軍をつけて送り返し、王位につけてはしいというのである。

中大兄皇子《なかのおおえのおうじ》らは議論《ぎろん》の末、百済救援軍《くだらきゅうえんぐん》を送ると決めた。

「長年の友好国を見捨《みす》てるわけにはいかない」

中大兄皇子《なかのおおえのおうじ》はそう言ったが、もちろん義理《ぎり》だけが理由ではない。百済《くだら》を通じて、朝鮮《ちょうせん》半島南部を支配《しはい》したいと考えている。強大な唐《とう》が全力をあげてくれば、勝ち目はほぼない。しかし、唐《とう》は高句麗《こうくり》討伐《とうばつ》がねらいだから、百済《くだら》には大軍は送らないという読みがあった。

中大兄皇子《なかのおおえのおうじ》は遠征《えんせい》の指揮《しき》をとるため、斉明天皇《さいめいてんのう》とともに、九州の筑紫《つくし》（今の福岡県）におもむくことにした。中大兄皇子《なかのおおえのおうじ》を支《ささ》える中臣鎌足《なかとみのかまたり》や同母弟《どうぼてい》の大海人皇子《おおあまのおうじ》も同行する。

大海人皇子《おおあまのおうじ》は母の斉明天皇《さいめいてんのう》の身を心配して、兄に進言した。

「陛下《へいか》は老齢《ろうれい》でいらっしゃいますから、長旅《ながたび》は避《さ》けたほうがよろしいのではありませんか」

「たしかにそうだ」

中大兄皇子《なかのおおえのおうじ》は同意しつつも、方針《ほうしん》を変えなかった。

「しかし、おひとりで残すわけにはいくまい。安全のためにも、天皇《てんのう》として我《われ》らをひきいていただくべきだ」

遠征《えんせい》には、役人たちもしたがっており、朝廷《ちょうてい》が丸ごと移動《いどう》するようなものである。皇子《おうじ》たちの妻子《さいし》もつきそっている。大海人皇子《おおあまのおうじ》は中大兄皇子《なかのおおえのおうじ》の娘《むすめ》を二人、妻《つま》としており、彼女《かのじょ》たちも一団《いちだん》のなかにいた。

さらに、額田王《ぬかたのおおきみ》と呼《よ》ばれる女性《じょせい》も遠征《えんせい》軍に同行している。額田王《ぬかたのおおきみ》は深い知識《ちしき》と教養を持つ才女で、得意《とくい》の和歌を生かして、斉明天皇《さいめいてんのう》に仕えていた。このとき、三十歳《さい》前後である。

額田王《ぬかたのおおきみ》は当初、大海人皇子《おおあまのおうじ》と結婚《けっこん》しており、娘《むすめ》を産んでいた。しかし、その後、大海人皇子《おおあまのおうじ》とは別れ、中大兄皇子《なかのおおえのおうじ》の夫人となっていた。このころは政略結婚《せいりゃくけっこん》の多い時代だが、離婚《りこん》や再婚《さいこん》もめずらしくはない。地位のある男は何人でも妻《つま》を持てるし、女のほうから、将来性《しょうらいせい》のある男に乗り替《か》える例もある。

額田王《ぬかたのおおきみ》に対する大海人皇子《おおあまのおうじ》の気持ちは複雑《ふくざつ》であった。自分を捨《す》てた女をうらむのは、男として情《なさ》けないと思うが、意識《いしき》しないのは無理だ。額田王《ぬかたのおおきみ》のほうはまるで気にしていないようで、自然に話しかけてくるのがまた腹《はら》が立つ。心がざわざわするので、見せつけるように若《わか》い妻《つま》たちと仲良くする。その妻《つま》たちが中大《なかのおお》

兄皇子《えのおうじ》の娘《むすめ》であるのが、さらに皮肉である。

大海人皇子《おおあまのおうじ》の妻《つま》のうち、姉のほうは物静かでひかえめな性格《せいかく》であった。妹は美人で気が強い。妹は額田王《ぬかたのおおきみ》とすれ違《ちが》うたびに、にらむような、そして挑《いど》むような視線《しせん》を送っている。

中大兄皇子《なかのおおえのおうじ》は、女たちの動向に無頓着《むとんちゃく》であった。頭にあるのは政治《せいじ》と軍事のことばかりだ。日本の各地から万単位の兵が集まってくる。大軍を朝鮮《ちょうせん》半島に送りこみ、戦わせるのは、困難《こんなん》な事業である。必要な船は数百隻《せき》にのぼり、兵糧《ひょうろう》も大量に消費《しょうひ》される。準備《じゅんび》に一年以上はかかるだろう。

斉明天皇《さいめいてんのう》七年（西暦《せいれき》六六一年）、天皇《てんのう》の一団《いちだん》が筑紫《つくし》に着いてから四ヵ月後、斉明天《さいめいてん》皇《のう》は病気にかかってあっけなく亡《な》くなった。

大海人皇子《おおあまのおうじ》は、兄に非難《ひなん》の目を向けた。

「まずいことになりましたね」

「そうだな」

中大兄皇子《なかのおおえのおうじ》は短く答えた。斉明天皇《さいめいてんのう》は六十八歳《さい》であり、その死は寿命《じゅみょう》といえよう。二人とも、母の死をさほど悲しんではいなかった。重要なのは政治《せいじ》的な問題である。

「ですが、今さら出兵を中止するわけにはいきません」

「ああ、私《わたし》もそう思う」

二人の意見は一致《いっち》した。すでに動きだしている大規模《だいきぼ》な計画をとめるのは難《むずか》しい。百済《くだら》を見捨《みす》てたと責《せ》められるのも不本意である。

中大兄皇子《なかのおおえのおうじ》は斉明天皇《さいめいてんのう》の遺体《いたい》を飛鳥《あすか》に運んで葬儀《そうぎ》をおこない、筑紫《つくし》に舞《ま》い戻《もど》った。即位《そくい》はせずに、ひきつづき政務《せいむ》をとる。出兵が一段落《いちだんらく》するまで、現状《げんじょう》を変えるべきではないと判断《はんだん》したのだ。

翌年《よくねん》五月、第一隊が百済《くだら》の王子を連れて朝鮮《ちょうせん》半島にたどりついた。さらに翌年《よくねん》、日本の主力部隊が無事に海を渡《わた》った。これらの軍勢《ぐんぜい》は豪族《ごうぞく》たちがひきいており、中大兄皇子《なかのおおえのおうじ》や大海人皇子《おおあまのおうじ》は筑紫《つくし》に残っていた。

日本軍は総勢《そうぜい》三万近い大軍である。心強い味方を得《え》て、百済復興《くだらふっこう》軍は勢《いきお》いづくかと思われたが、現実《げんじつ》にはうまくいかなかった。王子と復興《ふっこう》軍の幹部《かんぶ》との間で争いが起き、復興《ふっこう》軍は半ば崩壊《ほうかい》してしまったのである。

唐《とう》は百済復興《くだらふっこう》の動きに対抗《たいこう》して援軍《えんぐん》を送ってきた。新羅《しらぎ》軍と連合し、水陸に分かれて進軍して、百済復興《くだらふっこう》軍と日本軍をたたこうとする。

こうして起こったのが、西暦《せいれき》六六三年の白村江《はくそんこう》の戦いである。戦場は朝鮮《ちょうせん》半島中央部、西の黄海《こうかい》に注ぐ錦江《きんこう》の河口《かこう》付近であった。

水軍の兵数だけを見れば、日本軍が唐軍《とうぐん》を上回っている。ただ、日本軍に大型《おおがた》船《せん》は少なく、小型《こがた》の輸送船《ゆそうせん》が多かった。一方の唐軍《とうぐん》は、三階建ての楼船《ろうせん》が主力で、その陣《じん》は水に浮《う》かぶ要塞《ようさい》のようだ。

それでも、日本軍の指揮《しき》官《かん》たちは状況《じょうきょう》を楽観していた。

「我《われ》らが先に突《つ》っこめば、敵軍《てきぐん》は逃《に》げるだろう」

指揮官《しきかん》たちに余裕《よゆう》があるのは、正確《せいかく》な情報《じょうほう》を得《え》ていないからだった。唐《とう》は強大だが、標的は高句麗《こうくり》で、朝鮮《ちょうせん》半島には力を入れていない。朝廷《ちょうてい》からそのように聞かされているのだった。そうでなければ、危険《きけん》をおかして海を渡《わた》らなかっただろう。実際《じっさい》に、日本軍は百済《くだら》での小規模《きぼ》な戦闘《せんとう》に勝利したこともあって、唐軍《とうぐん》の戦力をきわめて低く見積もっていた。

作戦を定《さだ》めもせずに、日本軍の船団《せんだん》は動きだした。懸命《けんめい》に漕《こ》ぐが、風と潮《しお》の流れに逆《さか》らうかたちになっており、船の速度はあがらない。唐軍《とうぐん》は船をとめ、火矢を放って応戦《おうせん》する。風に乗った矢が、次々と日本の船を襲《おそ》う。

日本船はたちまち燃《も》えあがった。黒や灰色《はいいろ》の煙《けむり》が立ちのぼり、赤い炎《ほのお》が海上に広がる。兵たちが悲鳴をあげて海に飛びこむ。

「いったん後退《こうたい》だ！」

「いや、突撃《とつげき》だ。懐《ふところ》に飛びこめば、敵《てき》は困《こま》るだろう」

「右手に回れ！　敵《てき》の背後《はいご》をねらうのだ」

様々な指示《しじ》がとびかう。しかし、日本軍には指示《しじ》をすばやく伝える手段《しゅだん》も、船をあやつってそれを実行する技術《ぎじゅつ》もなかった。船団《せんだん》は方向転換《てんかん》もままならず、ただ突《つ》っこんでは撃退《げきたい》されるばかりであった。

日本軍は四百艘《そう》以上の船を失い、完敗した。多くの兵が戦死し、また降伏《こうふく》して捕虜《ほりょ》となった。日本軍は陸上の部隊や、抵抗《ていこう》をあきらめた百済復興《くだらふっこう》軍を連れて帰国した。

その後、唐《とう》は高句麗《こうくり》を滅《ほろ》ぼすが、新羅《しらぎ》が唐《とう》を裏切《うらぎ》って独立《どくりつ》し、朝鮮《ちょうせん》半島を統一《とういつ》することになる。

敗戦の報告《ほうこく》を受けた中大兄皇子《なかのおおえのおうじ》は、表面上は冷静だった。補佐役《ほさやく》の大海人皇子《おおあまのおうじ》と中臣鎌足《なかとみのかまたり》に告《つ》げる。

「我々《われわれ》は飛鳥《あすか》に戻《もど》ろう。だが、その前に、九州防衛《ぼうえい》の案を出してくれ」

鎌足《かまたり》がすぐに応《おう》じた。

「かしこまりました。守備《しゅび》兵を増《ふ》やし、城や砦《とりで》を建て、狼煙《のろし》などで急を伝える体《たい》制《せい》をととのえましょう。計画を立てたいと思います」

大海人皇子《おおあまのおうじ》は青ざめた顔を兄に向けた。

「この敗北は大きな打撃《だげき》ではないでしょうか」

「小さくはないな」

中大兄皇子《なかのおおえのおうじ》は弟を安心させるように微笑《ほほえ》んだ。

「だが、豪族《ごうぞく》の力が弱まると思えば、そう悪いことばかりでもない」

朝鮮《ちょうせん》半島に渡《わた》って実際《じっさい》に戦ったのは、豪族《ごうぞく》たちである。彼《かれ》らが多くの兵を失ったことは、天皇《てんのう》中心の政治《せいじ》を目指すうえでは利益《りえき》になる。もっとも、中大兄皇子《なかのおおえのおうじ》らに対する反発が強まるのはまちがいない。即位《そくい》はまた先延《さきの》ばしになるだろう。

都の飛鳥《あすか》に帰った中大兄皇子《なかのおおえのおうじ》らは、戦後処理《しょり》に追われた。唐《とう》とは使者をやりとりして友好関係を取り戻《もど》そうと努める。一方で、九州に水城《みずき》という巨大《きょだい》な防壁《ぼうへき》を築《きず》くなど、防衛《ぼうえい》施設《しせつ》をつくって守りを固めた。

そして、中大兄皇子《なかのおおえのおうじ》は、斉明天皇《さいめいてんのう》の死から六年後、西暦《せいれき》六六七年に都を近江《おうみ》の大津《おおつ》にうつす。琵琶湖《びわこ》のほとりにある大津《おおつ》は、東西に街道《かいどう》が延《の》びていて、飛鳥《あすか》よりもはるかに交通の便がいい。皇子《おうじ》たちに距離《きょり》をおく豪族《ごうぞく》もいないから、しがらみがなくて政治《せいじ》もやりやすかった。

一方で、遷都《せんと》に反対する声も大きく、飛鳥《あすか》に住みつづける豪族《ごうぞく》や民《たみ》が多かった。近江大津宮《おうみおおつのみや》が本格的《ほんかくてき》な都となるには、まだ時間がかかるだろう。

翌年《よくねん》の正月、中大兄皇子《なかのおおえのおうじ》はようやく即位《そくい》を果たした。長らく皇太子《こうたいし》のままで政《せい》治《じ》をおこなっていたが、これで名実ともに支配者《しはいしゃ》となった。後《のち》の世に天智天皇《てんじてんのう》と呼《よ》ばれる天皇《てんのう》である。即位《そくい》の年に四十三歳《さい》であった。

二章

湖面の波

1

天智天皇《てんじてんのう》の政治《せいじ》を支《ささ》えたのは、弟の大海人皇子《おおあまのおうじ》と、長年の側近である中臣鎌足《なかとみのかまたり》だった。大海人皇子《おおあまのおうじ》は次の天皇《てんのう》だとみなされている。当時は兄から弟への帝位継承《ていいけいしょう》が一般的《いっぱんてき》で、天智天皇《てんじてんのう》と大海人皇子《おおあまのおうじ》の関係もよいと思われていたからだ。

しかし、乙巳《いっし》の変の後は、斉明天皇《さいめいてんのう》が再《ふた》び帝位《ていい》についたり、長く空位の期間があったりと、不自然な帝位継承《ていいけいしょう》がつづいた。それをおこなったのは天智天皇《てんじてんのう》だから、大海人皇子《おおあまのおうじ》は内心に不安をかかえている。

大海人皇子《おおあまのおうじ》の相談相手は、妻《つま》の鸕野讃良《うののさらら》である。讃良《さらら》は天智天皇《てんじてんのう》の娘《むすめ》で、乙巳《いっし》の変の年に生まれた。姉も大海人皇子《おおあまのおうじ》に嫁《とつ》いだのだが、幼《おさな》い息子《むすこ》と娘《むすめ》を残してすでに亡《な》くなっている。

「陛下《へいか》のお考えが私《わたし》にはよくわからない。私《わたし》に政治《せいじ》を任《まか》せる一方で、最近は大友《おおとも》皇子《おうじ》を引きたてるような言動も目立つ。もしかして、将来《しょうらい》は大友皇子《おおとものおうじ》に後を継《つ》がせるつもりなのではないか」

大友皇子《おおとものおうじ》は天智天皇《てんじてんのう》の息子《むすこ》で、讃良《さらら》の三つ下の異母弟《いぼてい》である。父が即位《そくい》した年に二十一歳《さい》になった。背《せ》が高く、顔つきが立派《りっぱ》で、頭も切れるという評判《ひょうばん》である。ただ、大海人皇子《おおあまのおうじ》をさしおいて天皇《てんのう》になれると考えている者は少ないだろう。まだ若《わか》く、生母の身分も低いからだ。

鸕野讃良《うののさらら》は、勝ち気な瞳《ひとみ》を光らせた。

「いくら天皇《てんのう》とはいえ、そのような勝手なまねは許《ゆる》されないでしょう」

讃良《さらら》は父ではなくて、夫の味方であった。天智天皇《てんじてんのう》の娘《むすめ》であるより、大海人皇《おおあまのおう》子《じ》のもっとも地位の高い妻《つま》であるほうが価値《かち》がある。そう思っているからだ。ただ、大海人皇子《おおあまのおうじ》が天皇《てんのう》になれなければ、その価値《かち》は逆転《ぎゃくてん》するだろう。天皇《てんのう》になれなかった有力皇族《こうぞく》は、殺《ころ》される危険《きけん》さえある。

「ただ、隙《すき》を見せてはなりません。これまで以上に、慎重《しんちょう》に行動なさってください。味方を増《ふ》やしたいところですが、怪《あや》しまれてはいけませんから、敵《てき》をつくらないように努めるくらいでよいでしょう」

讃良《さらら》の言葉に、大海人皇子《おおあまのおうじ》はうなずいた。

「やはりそなたは頼《たよ》りになるな」

「力を尽《つ》くしてあなたを支《ささ》えたいと思います。必ず、父上よりも長生きなさってくださいね」

「ああ、そうしたいものだ」

この時代の皇族《こうぞく》は血のつながりが濃《こ》いこともあって、早くに亡《な》くなる例も多い。大海人皇子《おおあまのおうじ》の姉は孝徳天皇《こうとくてんのう》に嫁《とつ》いでいたが、やはりすでに亡《な》くなっている。

しばらくして、讃良《さらら》の眉《まゆ》をひそめさせる出来事が起こった。大友皇子《おおとものおうじ》と十市皇女《とおちのひめみこ》の結婚《けっこん》が決まったのだ。十市皇女《とおちのひめみこ》は大海人皇子《おおあまのおうじ》の娘《むすめ》で、母は額田王《ぬかたのおおきみ》である。いとこ同士《どうし》の結婚《けっこん》になる。

「もしかして、あの女が糸を引いたのか？」

讃良《さらら》はくちびるをかんだ。額田王《ぬかたのおおきみ》は昔から気に食《く》わなかった。夫の最初の妻《つま》で、しかも夫を捨《す》てて天智天皇《てんじてんのう》のもとに走った女である。しかも、いまだに夫に意味ありげな視線《しせん》を投げかけてくる。知識《ちしき》と教養があって、和歌を詠《よ》むのがうまいのも腹立《はらだ》たしい。

ただ、讃良《さらら》はその反感を他者に見せないように心がけていた。額田王《ぬかたのおおきみ》は敵意《てきい》に気づいているだろうが、それ以外の者、たとえば夫には感づかれてはならない。

讃良《さらら》は義理《ぎり》の母親として完璧《かんぺき》に儀礼《ぎれい》をこなして、十市皇女《とおちのひめみこ》を送りだした。

冷静に考えれば、この結婚《けっこん》に額田王《ぬかたのおおきみ》は無関係であろう。額田王《ぬかたのおおきみ》はあくまで自分第一で、娘《むすめ》には関心がないようだった。娘《むすめ》が大事なら、他の男の愛人になったりはしないだろう。この結婚《けっこん》は天智天皇《てんじてんのう》の意思である。

天智天皇《てんじてんのう》のねらいはわかる。すでに讃良《さらら》を含《ふく》めて四人の娘《むすめ》を大海人皇子《おおあまのおうじ》に嫁《とつ》がせているのだ。大友皇子《おおとものおうじ》と十市皇女《とおちのひめみこ》の結婚《けっこん》で、さらに血のつながりを深めようというのだろう。そして、天智天皇《てんじてんのう》と大海人皇子《おおあまのおうじ》の両方の血を引く子孫を、高貴《こうき》な血統《けっとう》として後世につなげようとしているのではないか。

だが、讃良《さらら》にとって、高貴《こうき》な血統《けっとう》、守るべき血統《けっとう》は自分の息子《むすこ》だけだ。そこまで考えて、讃良《さらら》は気づいた。自分は父が、天智天皇《てんじてんのう》が嫌《きら》いだ。あの男は顔色ひとつ変えずに対立者を殺《ころ》し、娘《むすめ》を道具のように使って、権力《けんりょく》を保《たも》とうとしている。尊敬《そんけい》できるはずもない。

「父に負けたくない」

讃良《さらら》はそう思うようになった。

大津《おおつ》に都をうつしてから、天智天皇《てんじてんのう》は気がゆるんだようだった。狩《か》りに出かけたり、宴《うたげ》を開いたりすることが多くなった。

中臣鎌足《なかとみのかまたり》が進言した。

「宴《うたげ》は少しひかえたほうがよろしいのではありませんか。飛鳥《あすか》の豪族《ごうぞく》たちはまだ陛下《へいか》の政治《せいじ》に反感を持っています。今のところ反乱《はんらん》の計画などはないようですが、これから先はわかりませんぞ」

天智天皇《てんじてんのう》は顔をしかめた。

「彼《かれ》らの意見もそれなりに聞いている。反乱《はんらん》の計画がないのはうまくいっているからだろう」

そう言って、狩《か》りの準備《じゅんび》を命じる。

狩《か》りのあとにはたいてい宴《うたげ》が開かれた。宮中の女性《じょせい》たちも参加して、華《はな》やかな雰囲気《ふんいき》で酒を飲み、歌や踊《おど》りを楽しむ。

ある宴《うたげ》の席では、大海人皇子《おおあまのおうじ》が舞《まい》を披露《ひろう》した。だが、大海人皇子《おおあまのおうじ》はあまり芸事《げいごと》が得意《とくい》ではなく、舞《まい》は手足がばらばらで、一同の笑いを誘《さそ》った。

恥《は》ずかしそうな大海人皇子《おおあまのおうじ》に向かって、額田王《ぬかたのおおきみ》が歌を詠《よ》んだ。次のような意味だ。

「その手の動きは私《わたし》を誘《さそ》っているのですか？　人が見ていますよ」

からかわれた大海人皇子《おおあまのおうじ》が歌を返す。

「あなたがあまりに魅力的《みりょくてき》だから、人妻《ひとづま》と知っても恋《こい》してしまうのです」

かつて夫婦《ふうふ》だった二人の軽妙《けいみょう》なやりとりに、笑いと拍手《はくしゅ》がわきおこった。額田王《ぬかたのおおきみ》は四十歳《さい》近くになっており、当時の男性《だんせい》の恋愛対象《れんあいたいしょう》にはなりにくい。だから、冗談《じょうだん》としてみなが笑ったのである。

同席していた讃良《さらら》は、内心ではおもしろくなかったが、つくり笑いを浮《う》かべていた。ただ、天智天皇《てんじてんのう》だけが笑っていない。

それに気づいた中臣鎌足《なかとみのかまたり》が前に出た。

「次は私《わたし》が舞《ま》いましょう」

そして、大海人皇子《おおあまのおうじ》以上に下手《へた》な踊《おど》りで、場を盛《も》りあげたのである。

また別の日、天智天皇《てんじてんのう》は琵琶湖《びわこ》を見渡《みわた》せる高楼《こうろう》に、大海人皇子《おおあまのおうじ》や側近たちを集めた。琵琶湖《びわこ》の景色は、大津宮《おおつのみや》に遷都《せんと》した理由のひとつである。この高楼《こうろう》からながめる琵琶湖《びわこ》が、天智天皇《てんじてんのう》の一番のお気に入りだった。

「弟よ、さあ飲んでくれ」

天皇《てんのう》に勧《すす》められては断《ことわ》れない。大海人皇子《おおあまのおうじ》はさかずきを勢《いきお》いよくかたむけた。

さわやかな陽光のもと、琵琶湖《びわこ》の波がきらきらと光っている。絶景《ぜっけい》を前に酒がすすみ、大海人皇子《おおあまのおうじ》はすっかり酔《よ》っぱらってしまった。

いつしか口論《こうろん》になっていた。政治《せいじ》の方針《ほうしん》についての話だった。

「納得《なっとく》できません！」

怒《おこ》った大海人皇子《おおあまのおうじ》は、警備《けいび》の兵が持っていた長槍《ながやり》を奪《うば》った。床《ゆか》に思いきり突《つ》き刺《さ》す。長槍《ながやり》は床《ゆか》をつらぬいて、ぶるぶるとふるえた。

さっと我《われ》に返って、大海人皇子《おおあまのおうじ》は青くなった。

「失礼いたしました。少々飲みすぎたようで」

対照的に天智天皇《てんじてんのう》は顔を真っ赤《か》にしていた。酔《よ》いのせいではない。

「天皇《てんのう》に槍《やり》を向けたか!?」

「いえ、そのようなつもりはありません」

大海人皇子《おおあまのおうじ》は深く頭を下げたが、天智天皇《てんじてんのう》の怒《いか》りはおさまらない。声を荒《あら》げて命じる。

「この愚《おろ》か者の首を切れ！」

警備《けいび》の兵がとまどうところ、中臣鎌足《なかとみのかまたり》が進み出た。

「陛下《へいか》に申しあげます。お怒《いか》りはごもっともながら、一度のあやまちで弟君を罰《ばっ》することになれば、世の中が乱《みだ》れましょう。どうかお考え直しください」

信頼《しんらい》する側近の進言を受けて、天智天皇《てんじてんのう》は自分をおさえた。

「そなたが言うなら、今回ばかりは見なかったことにしよう」

そう告《つ》げて、足音高く宴《うたげ》の席をあとにする。

残された大海人皇子《おおあまのおうじ》は深呼吸《しんこきゅう》して、気持ちをしずめた。中臣鎌足《なかとみのかまたり》に歩みよって礼を述《の》べる。

「おかげで助かりました。このご恩《おん》は忘《わす》れません」

「殿下《でんか》を失うわけにはいきませんから」

中臣鎌足《なかとみのかまたり》は真剣《しんけん》な表情《ひょうじょう》で言った。

「これからも天皇陛下《てんのうへいか》を支《ささ》えてください」

「もちろんです」

大海人皇子《おおあまのおうじ》と中臣鎌足《なかとみのかまたり》は、天智天皇《てんじてんのう》を補佐《ほさ》する両輪でありながら、いやそれゆえにか、これまであまり仲が良くなかった。しかし、この件《けん》があってから、大海《おおあ》人皇子《まのおうじ》は鎌足《かまたり》を頼《たよ》りに思い、何かと相談するようになったのだった。

2

天智天皇《てんじてんのう》八年（西暦《せいれき》六六九年）、中臣鎌足《なかとみのかまたり》が病死した。

乙巳《いっし》の変以来、天智天皇《てんじてんのう》を支《ささ》えてきた側近が世を去ったのである。天智天皇《てんじてんのう》はひどく悲しみ、しばらく食事がのどを通らなかった。

鎌足《かまたり》は天皇《てんのう》のやりたい政治《せいじ》を充分《じゅうぶん》に実行できなかったこと、白村江《はくそんこう》で敗れたことを、最後まで悔《く》やんでいた。

「鎌足《かまたり》の思いにこたえなければならない」

葬儀《そうぎ》を終えた天智天皇《てんじてんのう》は、あらためて政治《せいじ》を前に進める決意を固めた。慎重《しんちょう》な鎌足《かまたり》に止められていたことも、今後はためらわずに実行しようと思った。

大海人皇子《おおあまのおうじ》もまた、鎌足《かまたり》の死に涙《なみだ》した。ようやく、この口うるさい重臣の価値《かち》を知ったところだった。鎌足《かまたり》は天智天皇《てんじてんのう》の暴走《ぼうそう》をおさえる役割《やくわり》を果たしていた。鎌足《かまたり》の他に、それができる者はいない。今後のことを考えると、不安がつのるばかりであった。

鸕野讚良《うののさらら》が夫に助言した。

「もうかばってくれる人はいません。どうか言動にお気をつけください」

大海人皇子《おおあまのおうじ》は、やや不機嫌《ふきげん》になって、そっけなくうなずいた。それくらいはわかっているのだ。

翌年《よくねん》、庚午年籍《こうごねんじゃく》という戸籍《こせき》が作成された。はじめて九州から関東までの全国的な規模《きぼ》でつくられたものだ。天皇《てんのう》が人民を支配《しはい》する体制《たいせい》づくりのひとつと言える。

庚午年籍《こうごねんじゃく》は永久《えいきゅう》に保存《ほぞん》すると定《さだ》められ、長く裁判《さいばん》の証拠《しょうこ》として使われた。

次の年、天智天皇《てんじてんのう》十年（西暦《せいれき》六七一年）正月、天智天皇《てんじてんのう》は大友皇子《おおとものおうじ》を太政大臣《だいじょうだいじん》とし、さらに皇子《おうじ》を補佐《ほさ》する大臣を任命《にんめい》した。

「次の天皇《てんのう》は大友皇子《おおとものおうじ》だ」

天智天皇《てんじてんのう》はそう宣言《せんげん》したにひとしい。

天皇《てんのう》の位は、中国のように、親から子へと受け継《つ》がれるべきである。天智天皇《てんじてんのう》はそのように考えていた。兄から弟への継承《けいしょう》では、世代が変わるときなどに争いが絶《た》えない。天皇《てんのう》中心の政治体制《せいじたいせい》をととのえる一方で、親子継承《けいしょう》を基本《きほん》として、天皇《てんのう》の権力《けんりょく》を安定させるのだ。

しかしこれは、大海人皇子《おおあまのおうじ》にとって、とうてい納得《なっとく》できる話ではなかった。

讃良《さらら》も同様である。

知らせを聞いて、夫妻《ふさい》は怒《いか》りの声をあげた。

「陛下《へいか》と話してくる」

大海人皇子《おおあまのおうじ》がこぶしを固めて立ちあがった。それを見て、讃良《さらら》は冷静さを取り戻《もど》した。

「どうかお待ちを。気持ちが高ぶったまま話すのはよくありません。黙《だま》っていれば向こうから声がかかるでしょうから、そのときに落ちついて話してください」

大海人皇子《おおあまのおうじ》の怒《いか》りはおさまらない。

「だが、そもそもこんな大事なことは、先におれに相談するべきではないのか。陛下《へいか》のやり方はおかしい」

讃良《さらら》はしばらく考えた。

天智天皇《てんじてんのう》は、周りの者の支持《しじ》を失うことをおそれて、自身の即位《そくい》には時間をかけていた。対立者は容赦《ようしゃ》なく滅《ほろ》ぼしてきたが、豪族《ごうぞく》たちに対しては気をつかうところもあった。慎重派《しんちょうは》の中臣鎌足《なかとみのかまたり》がいなくなったとはいえ、あまりに行動を急ぎすぎではないか。本来なら、ていねいに根回しして進めるべき件《けん》ではないのか。

「もしかして、陛下《へいか》はどこかお身体《からだ》が悪いのですか」

讃良《さらら》の言葉に、大海人皇子《おおあまのおうじ》は首をひねった。

「そういう話は聞いていないが……」

ただ、天智天皇《てんじてんのう》は不調を感じても他人には明かさないだろう。もし、讃良《さらら》の考えが正しいなら、天智天皇《てんじてんのう》は大友皇子《おおとものおうじ》を後継者《こうけいしゃ》とするために、なりふりかまわず行動するかもしれない。

「今はあまり刺激《しげき》しないほうがいいかもしれません」

讃良《さらら》は考えをまとめながら告《つ》げた。

「もし陛下《へいか》が自分の寿命《じゅみょう》を気にしているなら、あなたの身が危険《きけん》です。おとなしくしたがっておいたほうがよいでしょう」

大海人皇子《おおあまのおうじ》は深く呼吸《こきゅう》をしてからうなずいた。

「わかった。今だけは牙《きば》を見せずにいよう」

その数日後、大海人皇子《おおあまのおうじ》は天智天皇《てんじてんのう》に呼《よ》ばれた。さざ波の揺《ゆ》れる琵琶湖《びわこ》をながめながら、二人だけで話す。

「これから先は、私《わたし》たちの血を引いている子孫を天皇《てんのう》にしていきたい。次の次には、葛野王《かどののおう》がふさわしいと考えている」

葛野王《かどののおう》は、大友皇子《おおとものおうじ》と十市皇女《とおちのひめみこ》の息子《むすこ》である。天智天皇《てんじてんのう》と大海人皇子《おおあまのおうじ》の双方《そうほう》にとって、孫にあたる。まだ三歳《さい》だから器量はわからないが、系図《けいず》の上ではきれいな継承《けいしょう》といえるかもしれない。

しかし、兄弟《きょうだい》二人の血を引く者なら、大海人皇子《おおあまのおうじ》と天智天皇《てんじてんのう》の娘《むすめ》たちの子どももいる。讃良《さらら》が産んだ草壁皇子《くさかべのみこ》や、その姉が産んだ大津皇子《おおつのみこ》でもかまわないだろう。天智天皇《てんじてんのう》はみずからの男系《だんけい》にこだわりがあるのだろうか。

とはいえ、大海人皇子《おおあまのおうじ》は讃良《さらら》の助言にしたがって、波風を立てない返答を心がけた。

「私《わたし》もそのように思います」

天智天皇《てんじてんのう》がかすかに微笑《ほほえ》んだ。

「葛野王《かどののおう》の次はその息子《むすこ》、またその息子《むすこ》とつないでいく。そのために、私《わたし》の次には大友皇子を立てたいのだ。そなたには叔父として、また舅として、彼を支えてほしい」

やはりそういうことか。兄は希望を一方的に押《お》しつけている。弟の気持ちなど考えていない。次代の天皇《てんのう》と周囲《しゅうい》に評価《ひょうか》されながら天皇《てんのう》になれない不満は、どこへ向ければいいのか。

大海人皇子《おおあまのおうじ》は内心を口には出さなかった。

「わかりました。しかし、まだ先のことでありましょう。陛下《へいか》には長生きして、今の政治《せいじ》を進めてもらわなければ困《こま》ります」

「そうだな」

応《おう》じつつも、天智天皇《てんじてんのう》の顔が一瞬《いっしゅん》、かげった。讃良《さらら》の言うとおり、体調に自信がないのかもしれない。

「とにかく、今後もそなたの働きに期待している。よろしく頼《たの》む」

「お任《まか》せください」

大海人皇子《おおあまのおうじ》は笑《え》みを浮《う》かべて言ったが、ふさわしい表情《ひょうじょう》をつくれているかどうか、自信はなかった。

大友皇子《おおとものおうじ》は父の行動にとまどっていた。自身は帝位《ていい》を望んではいない。求められる役割《やくわり》を果たし、みなのために働きたいと思っていた。にもかかわらず父は、自分の後を継《つ》いで天皇《てんのう》になれ、と言う。

叔父《おじ》である大海人皇子《おおあまのおうじ》がいなければ、大友皇子《おおとものおうじ》はすすんで引き受けただろう。歴史《れきし》を振《ふ》り返れば、弟が天皇《てんのう》の位を継《つ》ぐほうが自然である。大海人皇子《おおあまのおうじ》は政治《せいじ》の経験《けいけん》も豊富《ほうふ》だし、支持者《しじしゃ》も多い。天皇《てんのう》にふさわしい能力《のうりょく》も持っており、もし天皇《てんのう》になれなかったら不満を抱《いだ》くのは当然だと思う。

一方で、大海人皇子《おおあまのおうじ》が天皇《てんのう》になった場合《ばあい》、自身がどうあつかわれるか、という不安もあった。父がやったように、謀反《むほん》などの罪《つみ》で殺《ころ》されるかもしれない。だれかに相談したかったが、信頼《しんらい》できる人は周りにいなかった。父が選んだ側近は、有間皇子《ありまのみこ》をわなにかけた蘇我赤兄《そがのあかえ》など、旧来《きゅうらい》の豪族《ごうぞく》のうちで、天皇《てんのう》に協力的な人物である。悩《なや》みを打ち明けても、そのまま父に伝わるだけだろう。

大友皇子《おおとものおうじ》は、大海人皇子《おおあまのおうじ》と戦うのをおそれていた。

「どうか、争いが起きませんように」

大友皇子《おおとものおうじ》は祈《いの》った。祈《いの》ることしかできなかった。

3

秋になって、天智天皇《てんじてんのう》は病に倒《たお》れた。その知らせを聞いたとき、多くの者は、やはり、とうなずいた。狩《か》りに出かけたり、宴《うたげ》を開いたりする回数が減《へ》っており、顔色もすぐれなかったからだ。

やがて、天皇《てんのう》はもう長くない、といううわさが流れた。だれもそのうわさを否《ひ》定《てい》しなかった。大津宮《おおつのみや》の宮殿《きゅうでん》では、連日お経《きょう》が唱えられている。天智天皇《てんじてんのう》は若いころは仏教《ぶっきょう》にあまり関心を持っていなかったのだが、ここ数年は信心深くなっていた。

十月十七日、天智天皇《てんじてんのう》は大海人皇子《おおあまのおうじ》に使者を送って、病床《びょうしょう》に呼《よ》んだ。天皇《てんのう》はすでに歩くのも難《むずか》しくなっており、遺言《ゆいごん》をたくすのだと思われた。

冷たい風の吹《ふ》く日だった。宮殿《きゅうでん》に着いたとき、大海人皇子《おおあまのおうじ》は同行していた使者に耳打ちされた。

「用心なさいませ。めったなことを口にしませんように」

大海人皇子《おおあまのおうじ》は眉《まゆ》をひそめた。出がけには、讃良《さらら》にも言われた。

「行くなとは申しません。ですが、くれぐれもお気をつけて」

天智天皇《てんじてんのう》は弟を殺《ころ》すつもりなのだろうか。

大海人皇子《おおあまのおうじ》は周囲《しゅうい》に気を配りながらゆっくりと歩いた。兵がひそんでいる気配はない。いきなり襲《おそ》われることはないと考えていいのだろうか。天皇《てんのう》との会話によって判断《はんだん》されるのだろうか。だとしたら、野心をのぞかせるわけにはいかない。

ここに来るまでは、天皇《てんのう》の遺言《ゆいごん》はすべて受け入れるつもりでいた。表面上は、である。しかし、ただ承諾《しょうだく》するだけでは、本心は違《ちが》うと疑《うたが》われるかもしれない。牛よりも遅《おそ》い歩みであったが、大海人皇子《おおあまのおうじ》は目的の場所にたどりついた。

天智天皇《てんじてんのう》は敷物《しきもの》の上に身を起こしていた。目がくぼみ、ほおがこけている。着物からのぞく手足は細く、力強い天皇《てんのう》の面影《おもかげ》はない。

世話をする女官が出て行き、兄弟《きょうだい》二人が残された。

天智天皇《てんじてんのう》が口を開く。

「……どうやら、私《わたし》の寿命《じゅみょう》は尽《つ》きたようだ」

「気弱なことをおっしゃいますな」

大海人皇子《おおあまのおうじ》の声はかわいて、ひびわれていた。

「そう緊張《きんちょう》するな。もはや取って食《く》う力は残っていないぞ」

天智天皇《てんじてんのう》は笑おうとしてせきをした。大海人皇子《おおあまのおうじ》は凍《こお》りついたように動けない。

「後を頼《たの》む」

「……」

大海人皇子《おおあまのおうじ》が返事をためらっていると、天智天皇《てんじてんのう》はつけくわえた。

「大友皇子《おおとものおうじ》を支《ささ》えてやってくれ。そして、我《われ》らの孫に帝位《ていい》をつないでほしい」

どう答えるのが正解《せいかい》なのだろう。

大海人皇子《おおあまのおうじ》は必死に考えをめぐらせた。うなずけば、兄は納得《なっとく》するのだろうか。かえって野心がある、と思われないだろうか。かといって、拒否《きょひ》するわけにもいかない。謀反《むほん》の意思ありとして、殺《ころ》されてしまうだろう。

数日前に讃良《さらら》と話したとき、身を守るために出家するのはどうかという案を出した。逆《ぎゃく》にあやしまれるのではないか、と讃良《さらら》は反対のようだったが、今言えば、自然な流れになりそうだ。

大海人皇子《おおあまのおうじ》は告《つ》げた。

「実は、私《わたし》も身体《からだ》の調子が悪いのです。とても政治《せいじ》にかかわれそうにないので、僧《そう》となって、陛下《へいか》のご病気が治るよう、祈《いの》りをささげたいと考えています」

天智天皇《てんじてんのう》は弟をにらんだ。するどい眼光《がんこう》であった。

「我《わ》が息子《むすこ》の補佐《ほさ》はできないというのか」

大海人皇子《おおあまのおうじ》は全身から汗《あせ》が吹《ふ》き出すのを感じた。

「そのようなつもりはありません。ただ、最近は寝《ね》こむことも多くて……」

「そなたが支《ささ》えてくれなければ、帝位《ていい》の継承《けいしょう》もうまくはいくまい。それが望みか？」

大海人皇子《おおあまのおうじ》は小刻《こきざ》みに首を横に振《ふ》った。

「滅相《めっそう》もありません」

必死で頭を働かせ、知恵《ちえ》をしぼりだす。

「もしものことがあったときには、皇后様《こうごう》に天皇《てんのう》になっていただくのはいかがでしょうか。そのもとで、大友皇子《おおとものおうじ》が皇太子《こうたいし》として、政治《せいじ》をおこなうのです。そうすれば、しばらく先にはなりますが、問題なく帝位《ていい》が継承《けいしょう》できると思います」

天智天皇《てんじてんのう》は目を見開いた。意外な提案《ていあん》だったようだ。

「……ふむ、私《わたし》と同じようにせよ、というのか」

天智天皇《てんじてんのう》は長く皇太子《こうたいし》として政治《せいじ》をおこなっていた。まだ若《わか》い大友皇子《おおとものおうじ》の即位《そくい》を先送りにして、女帝《じょてい》のもとで経験《けいけん》を積ませるという案は、たしかに利点がある。

「考えてみよう」

天智天皇《てんじてんのう》はそう言って、姿勢《しせい》をくずした。疲《つか》れたようだった。

大海人皇子《おおあまのおうじ》は手を貸《か》して、天皇《てんのう》を横にならせた。

「私《わたし》は今日にでも出家いたします」

「許《ゆる》す」

天皇《てんのう》の許可《きょか》が得《え》られたので、大海人皇子《おおあまのおうじ》は宮殿《きゅうでん》にある寺院で髪《かみ》をそった。天智《てんじ》天皇《てんのう》から、僧《そう》が身につける袈裟《けさ》が贈《おく》られた。

頭をまるめた夫を見ても、讃良《さらら》はおどろかなかった。

「髪《かみ》だけですんで何よりです。首を切られるかと心配しておりました」

大海人皇子《おおあまのおうじ》はふっと微笑《ほほえ》んだ。その瞬間《しゅんかん》、緊張《きんちょう》がとけて倒《たお》れそうになる。讃良《さらら》が夫に駆《か》けよって支《ささ》えた。

「すぐに引っ越《こ》しの準備《じゅんび》をします。都から離《はな》れた寺がよいでしょう」

「では、吉野《よしの》へ」

吉野《よしの》は古人大兄皇子《ふるひとのおおえのみこ》が出家して移《うつ》り住み、そして討《う》たれた地である。縁起《えんぎ》はよくないが、大海人皇子《おおあまのおうじ》は吉野《よしの》の神秘《しんぴ》的な雰囲気《ふんいき》が好きだった。斉明天皇《さいめいてんのう》が築《きず》いた離宮《りきゅう》があるから、住む場所には困《こま》らない。

讃良《さらら》は一瞬《いっしゅん》、ためらったが、すぐにうなずいた。

「わかりました。私《わたし》はお供《とも》しますが、なるべく少人数でまいりましょう」

讃良《さらら》はさらに、武器《ぶき》の類《たぐい》を役所におさめるよう進言した。謀反《むほん》の意思がいっさいないことを主張《しゅちょう》しておかなくてはならない。

二日後、十月十九日には、大海人皇子《おおあまのおうじ》は大津宮《おおつのみや》を出発した。妻子《さいし》では、讃良《さらら》とその息子《むすこ》の草壁皇子《くさかべのみこ》、忍壁皇子《おさかべのみこ》とその母が同行している。忍壁皇子《おさかべのみこ》の母は身分は高くないが、大海人皇子《おおあまのおうじ》がことのほか愛した女性《じょせい》だった。讃良《さらら》にとっては不愉快《ふゆかい》な娘《むすめ》だが、まともに相手をするのは恥《は》ずかしい。ときおり、針《はり》のような視線《しせん》を突《つ》き刺《さ》すだけである。

吉野《よしの》への旅には、大友皇子《おおとものおうじ》の重臣たちが途中《とちゅう》までつきそって見送った。天智天皇《てんじてんのう》の命令で、監視《かんし》しているのだろう。別れ際《ぎわ》に、だれかがつぶやいた。

「虎《とら》に翼《つばさ》をつけて放つようなものだ」

大海人皇子《おおあまのおうじ》はその言葉を耳にしたが、聞こえないふりをした。「虎《とら》に翼《つばさ》をつけて放つ」とは、強い者に武器《ぶき》を与《あた》えて自由にする、というような意味である。重臣たちは、大海人皇子《おおあまのおうじ》を殺《ころ》すべきだと考えているのだろう。

吉野《よしの》に着くと、大海人皇子《おおあまのおうじ》は同行してきた舎人《とねり》、すなわち側に仕えて雑用《ざつよう》をする従者《じゅうしゃ》たちを集めた。

「私《わたし》がこの地にやってきたのは、仏《ほとけ》の道の修行《しゅぎょう》をするためだ。仏《ほとけ》に仕えたい者は残れ。出世を望む者は都に帰るように」

大海人皇子《おおあまのおうじ》は見送りの重臣たちが供《とも》の数をかぞえるのを見ており、さらに人を減《へ》らさなければならない、と考えたのである。

しかし、動く者はいなかった。大海人皇子《おおあまのおうじ》はもう一度言った。

「そなたらの忠義《ちゅうぎ》はありがたいが、とどまっても仕事はない。ただ、ともに修行《しゅぎょう》するだけなのだ。人の世に未練がある者は帰ってほしい」

ようやく二十人ばかりが帰京を選び、涙《なみだ》ながらに別れを告《つ》げた。

大海人皇子《おおあまのおうじ》は寺にこもって、宣言《せんげん》どおりに修行《しゅぎょう》をはじめた。


十一月二十三日、少し回復《かいふく》した天智天皇《てんじてんのう》は、大友皇子《おおとものおうじ》と五人の重臣を呼《よ》んだ。

「まずは女帝《じょてい》を立て、その次に大友皇子《おおとものおうじ》を帝位《ていい》につけるのだ。私《わたし》の遺言《ゆいごん》を守り、決してそむかないよう、誓《ちか》いを立てよ」

五人の重臣は神に誓《ちか》いの言葉を述《の》べた。天智天皇《てんじてんのう》は目を細めてうなずいた。

その六日後、天智天皇《てんじてんのう》は再《ふたた》び重臣たちを呼《よ》んで、同じ誓《ちか》いを求めた。重臣たちはとまどいつつも言われたとおりにする。

「……頼《たの》む」

かすれた声で言うと、天智天皇《てんじてんのう》はゆっくりと目を閉《と》じた。顔は真っ白で生気がなく、大友皇子《おおとものおうじ》も重臣たちも、覚悟《かくご》を決めざるを得《え》なかった。宮中にいる者はみな、神や仏《ほとけ》に祈《いの》りをささげた。

十二月三日、天智天皇《てんじてんのう》は世を去った。四十六歳《さい》であった。乙巳《いっし》の変で政権《せいけん》を握《にぎ》ってから二十六年、天皇《てんのう》中心の政治体制《せいじたいせい》はいまだ完成しておらず、道半ばでの死であった。

天皇《てんのう》をとむらう儀式《ぎしき》がおこなわれ、さらに陵墓《りょうぼ》を築《きず》くことも決まった。次の天《てん》皇《のう》は倭姫皇后《やまとひめのこうごう》で、大友皇子《おおとものおうじ》が皇太子《こうたいし》となるのだが、その即位《そくい》はまだ先になりそうだ。内心では大海人皇子《おおあまのおうじ》を支持《しじ》する者も少なくないから、大友皇子《おおとものおうじ》を支《ささ》える重臣たちは、慎重《しんちょう》に事を進めようとしていた。

「とにかく、心配なのは大海人皇子《おおあまのおうじ》だ。反乱《はんらん》を起こすかもしれないから、厳《きび》しく見張《みは》らなければならない」

「いっそのこと、こちらから仕掛《しか》けるのはどうだ?」

「すぐには無理だ。皇后陛下《こうごうへいか》が後を継《つ》いで、落ちついてからになる」

「いや、逆《ぎゃく》に落ちつかないと、即位《そくい》できないのでは?」

五人の議論《ぎろん》は、なかなか結論《けつろん》が出なかった。ひとまず、大海人皇子《おおあまのおうじ》を監視《かんし》すること、いざというときに備《そな》えて、軍備《ぐんび》をととのえることが定《さだ》められた。

冬の大津宮《おおつのみや》には寒々《さむざむ》とした風が吹《ふ》き、琵琶湖《びわこ》は不気味に波立っていた。

4

大海人皇子《おおあまのおうじ》は、天智天皇《てんじてんのう》が亡《な》くなったという知らせを吉野《よしの》で聞いた。

「そうか」

短く応《おう》じて、大海人皇子《おおあまのおうじ》は口をつぐんだ。様々な思いが、頭のなかでうずをまいている。兄弟としてともに過《す》ごした日々《ひび》や、兄を補佐《ほさ》しておこなった政治《せいじ》についての記憶《きおく》が浮《う》かんでくるが、より重要なのは過去《かこ》よりも未来だった。天皇《てんのう》の位を得《え》るために大友皇子《おおとものおうじ》と戦うか、否《いな》か。

吉野《よしの》の山は深い。離宮《りきゅう》の庭は雪で白くおおわれている。空は薄《うす》い青色で、太陽ものぞいているが、その光は弱々しく、積もった雪をとかすほどの熱はなさそうだ。

大海人皇子《おおあまのおうじ》は讃良《さらら》を呼《よ》んで、兄の死を伝えた。

「悩《なや》んでいるひまはありません」

讃良《さらら》の黒い瞳《ひとみ》は、意志《いし》の力で美しく輝《かがや》いていた。

「すぐに挙兵の準備《じゅんび》をはじめるのです。ぐずぐずしていたら、向こうに先にやられてしまいます」

「ああ、そうだな」

大海人皇子《おおあまのおうじ》はためらいを振《ふ》り払《はら》った。

吉野《よしの》へ来たときから、いずれ兵をあげるつもりではあった。黙《だま》って討伐《とうばつ》されるのも、このまま山奥《やまおく》で朽《く》ちはてるのも、性《しょう》に合わなかった。戦って敗れたほうがまだましであるし、敗れるとも思わない。若《わか》い大友皇子《おおとものおうじ》と、天智天皇《てんじてんのう》にしたがうだけだった重臣たちが相手なら、きっと勝てる。

天智天皇《てんじてんのう》が生きている間は、動こうにも動けなかった。今でも、おおっぴらに兵を集めるわけにはいかない。だが、決起に備《そな》えて味方を増《ふ》やす努力をはじめるべきだ。

「都にいる皇子《みこ》たちと連絡《れんらく》をとろう。それから、美濃《みの》と尾張《おわり》へ人を送りこむ」

大海人皇子《おおあまのおうじ》は忠実《ちゅうじつ》な舎人《とねり》たちに指示《しじ》を出した。

都に残っている息子《むすこ》、高市皇子《たけちのみこ》と大津皇子《おおつのみこ》は、ぜひ救《すく》い出したい。高市皇子《たけちのみこ》はすでに十八歳《さい》で独立《どくりつ》している年齢《ねんれい》だから、また大津皇子《おおつのみこ》はまだ九歳《さい》だが、讃良《さらら》の姉の子で後継《あとつ》ぎとみなされていたから、吉野《よしの》へは同行しなかった。挙兵したら、彼《かれ》らはおそらく捕《と》らえられるだろう。事前に伝えておかねばならない。

美濃国《みののくに》（今の岐阜県）と尾張国《おわりのくに》（今の愛知県西部）は、大海人皇子《おおあまのおうじ》の領地《りょうち》や縁《えん》の深い土地が多くあり、言わば本拠地《ほんきょち》である。兵を集めるとしたら、この二国になるだろう。準備《じゅんび》を進めておきたい。

「しかし、兵の数に不安があるな。どれだけ集められるか……」

心配する大海人皇子《おおあまのおうじ》に、讃良《さらら》が笑顔《えがお》を見せる。

「数が少なければ、質《しつ》を高めればいいのです。それに、敵《てき》だって不安でしょう。数はそろったが、忠誠心《ちゅうせいしん》はどうか、と」

「それもそうだ」

大海人皇子《おおあまのおうじ》は微笑《びしょう》を返した。

「そなたはいつも、私《わたし》をはげましてくれるな。そなたが隣《となり》にいれば、どんな敵《てき》にも勝てる気がする」

「あなたのお力になりたいだけです」

讃良《さらら》は恥《は》ずかしそうに目を伏《ふ》せつつ、内心で誓《ちか》っていた。必ず大友皇子《おおとものおうじ》を倒《たお》し、夫を帝位《ていい》につける、と。

大津宮《おおつのみや》では、大友皇子《おおとものおうじ》が妻《つま》と向かい合っていた。

「争いは避《さ》けられないのかもしれない」

大友皇子《おおとものおうじ》が言うと、十市皇女《とおちのひめみこ》の目に涙《なみだ》の粒《つぶ》が盛《も》りあがった。十市皇女《とおちのひめみこ》にとっては、父と夫の戦いになる。どちらが勝っても、愛する家族を失うことになるだろう。

「怖《こわ》くてたまりません」

十市皇女《とおちのひめみこ》は夫の胸《むね》にすがりついた。

妻《つま》の背中《せなか》をなでながら、大友皇子《おおとものおうじ》がつぶやく。

「怖《こわ》いのは私《わたし》も同じだ」

そのとき、大友皇子《おおとものおうじ》の胸《むね》に、今までと異《こと》なる思いがわきあがってきた。

「……だが、戦わなければならないのなら、私《わたし》は恐《おそ》れずに立ち向かおう」

口に出すと、思いはより強くなった。

「決めた。たとえそなたの父が相手であっても、私《わたし》は引かない。勇気を持って戦い、そなたを守る」

十市皇女《とおちのひめみこ》は、涙《なみだ》にぬれた顔をあげた。

「頼《たの》もしゅうございます」

大友皇子《おおとものおうじ》は妻《つま》をそっと抱《だ》きしめた。

その夜、十市皇女《とおちのひめみこ》は父からの使者と面会した。

「先の話は聞かなかったことにいたします」

十市皇女《とおちのひめみこ》の言葉に、使者の女性《じょせい》は眉《まゆ》をひそめた。使者は大友皇子《おおとものおうじ》方の情報《じょうほう》を流すよう、十市皇女《とおちのひめみこ》に頼《たの》んでいた。

「断《ことわ》る、という意味でしょうか」

「はい」

小さな声で、だがはっきりと、十市皇女《とおちのひめみこ》は告《つ》げた。使者がため息をつく。

「わかりました。でも、もしものときは大津宮《おおつのみや》を離《はな》れてください。敵味方《てきみかた》関係な

く、私《わたし》どもからのお願いです」

「そうですね……。戦いを見たくはありません」

十市皇女《とおちのひめみこ》が目を伏《ふ》せる。長いまつ毛が悲しげにゆれた。


額田王《ぬかたのおおきみ》は、どこか冷めた目で、情勢《じょうせい》を見つめている。

大海人皇子《おおあまのおうじ》は以前の夫で、大友皇子《おおとものおうじ》は娘《むすめ》の夫である。それでも、二人の間で争いが起きようが、そしてどちらが勝とうが、かまわないと思っている。

生まれてこの方、いくつもの権力闘争《けんりょくとうそう》を見てきた。どちらが正しい、どちらが悪いという問題ではない。すわる椅子《いす》がひとつしかないから、男たちはそれをめぐって争い、勝った者が歴史《れきし》をつむぐ。

額田王《ぬかたのおおきみ》は、和歌の才能《さいのう》を武器《ぶき》に宮廷《きゅうてい》で生きてきた。天皇《てんのう》の死に際《さい》しては、悲しみを表現《ひょうげん》する歌をささげる。それ以外の宮中行事でも、ふさわしい歌を詠《よ》んで、雰囲気《ふんいき》を盛《も》りあげ、場をいろどる。歌がなければ、死者の魂《たましい》は安らげず、行事はうるおいを欠くだろう。歌を詠《よ》むのは重要な仕事だが、額田王《ぬかたのおおきみ》は政治的《せいじ》にはは無害な存在《そんざい》だ。旗色を明らかにしなくてもすむし、戦後に処分《しょぶん》されるおそれもない。

「でも、いったいどちらが勝つのか」

予想するのは難《むずか》しい。

天智天皇《てんじてんのう》は傑物《けつぶつ》だった。中臣鎌足《なかとみのかまたり》というきわめて有能《ゆうのう》な補佐役《ほさやく》がいたとはいえ、若《わか》くして権力《けんりょく》を握《にぎ》り、それを維持《いじ》した手腕《しゅわん》は並《な》みではなかった。もっと寿命《じゅみょう》が与《あた》えられていたら、めざしていた改革《かいかく》をなしとげられたかもしれない。

大海人皇子《おおあまのおうじ》の器量は天智天皇《てんじてんのう》に劣《おと》ると、額田王《ぬかたのおおきみ》は見ていた。無能《むのう》とはほど遠いものの、決断力《けつだんりょく》と実行力、そして判断力《はんだんりょく》において、兄には及《およ》ばない。

もっとも、大海人皇子《おおあまのおうじ》の相手は兄ではなくて、甥《おい》の大友皇子《おおとものおうじ》である。年齢《ねんれい》と経《けい》験《けん》において、大きな差がある。さらに、大友皇子《おおとものおうじ》の補佐役《ほさやく》に、才能《さいのう》ある人物は見当たらなかった。これは天智天皇《てんじてんのう》に責任《せきにん》がある。天皇《てんのう》中心の政治《せいじ》を理想として、豪族《ごうぞく》の力を奪《うば》ってきた結果、周りに優秀《ゆうしゅう》な人材はいなくなっていた。

動員できる兵力は、大友皇子《おおとものおうじ》が上だ。現時点《げんじてん》で、大海人皇子《おおあまのおうじ》には数十人の兵しかいない。ただ、吉野《よしの》を出て自由に行動するようになれば、兵力は増《ふ》えるだろう。大友皇子《おおとものおうじ》としては、その前に勝負をつけたいところだが、先に動く勇気があるかどうか。

額田王《ぬかたのおおきみ》は、大海人皇子《おおあまのおうじ》の後ろにしたがう妻《つま》の、燃《も》えるような瞳《ひとみ》を思い出した。讃良《さらら》はもっとも濃《こ》く、天智天皇《てんじてんのう》の血を受け継《つ》いでいるのかもしれない。知のきらめきと激《はげ》しい性格《せいかく》が、言葉の端々《はしばし》に感じられる。

明白な敵意《てきい》を向けられながらも、額田王《ぬかたのおおきみ》は讃良《さらら》が嫌《きら》いではなかった。讃良《さらら》のしたたかさは、むしろ好ましい。

「あの子がいるぶん、大海人皇子《おおあまのおうじ》が有利かもしれない」

額田王《ぬかたのおおきみ》はそう思って微笑《びしょう》した。

三章

吉《よし》野《の》脱《だっ》出《しゅつ》

1

天智天皇《てんじてんのう》が亡《な》くなって翌年《よくねん》の夏、天皇《てんのう》を埋葬《まいそう》する儀式《ぎしき》がおこなわれた。山科《やましな》（今の京都府京都市）の陵墓《りょうぼ》はまだ完成したとは言えなかったが、早く儀式《ぎしき》を終えて政治《せいじ》を安定させたいという、大友皇子《おおとものおうじ》の希望が優先《ゆうせん》された。

この儀式《ぎしき》でも歌を詠《よ》んだ額田王《ぬかたのおおきみ》は、そのまま飛鳥《あすか》へ向かうつもりだった。予想される戦乱《せんらん》を避《さ》けるためである。

陵墓《りょうぼ》を築《きず》いたり、埋葬《まいそう》の儀式《ぎしき》をおこなったりした役人たちも、ここで別れる。全員が大津《おおつ》に帰るわけではなく、額田王《ぬかたのおおきみ》のように、飛鳥《あすか》や難波《なにわ》に逃《のが》れる者がいるようだ。

額田王《ぬかたのおおきみ》は、娘《むすめ》の十市皇女《とおちのひめみこ》を誘《さそ》った。

「いっしょに大和《やまと》へ行きましょう。疲《つか》れたでしょうから、あちらでしばらくゆっくりするといいですよ」

大津《おおつ》に戻《もど》れば危険《きけん》があるから――。

意図を察して、十市皇女《とおちのひめみこ》は迷《まよ》った。夫である大友皇子《おおとものおうじ》の側を離《はな》れるのはためらわれる。大友皇子《おおとものおうじ》は守ってくれると言ったのだ。

「もちろん、あなたが決めることですけどね」

額田王《ぬかたのおおきみ》は微笑《びしょう》した。娘《むすめ》の人生は娘《むすめ》のものである。ただ、十市皇女《とおちのひめみこ》は大友皇子《おおとものおうじ》とも大海人皇子《おおあまのおうじ》とも深い関係を持つ。選択《せんたく》と結果によっては、死が待っているかもしれない。

「私《わたし》は……どうしていいかわかりません」

十市皇女《とおちのひめみこ》はつぶやいた。大友皇子《おおとものおうじ》を支《ささ》えたいとは思うが、自分は役に立たないどころか、足手まといになるだろう。避難《ひなん》したほうが、大友皇子《おおとものおうじ》は全力で戦えるのではないか。

「しっかりなさい」

額田王《ぬかたのおおきみ》は娘《むすめ》を突《つ》き放した。

「あなたは息子《むすこ》を守らなければならないのですよ」

十市皇女《とおちのひめみこ》ははっとした。額田王《ぬかたのおおきみ》の言うとおりだった。大友皇子《おおとものおうじ》の息子《むすこ》、四歳《さい》になる葛野王《かどののおう》は、自分が守るべき存在《そんざい》だ。

十市皇女《とおちのひめみこ》は額田王《ぬかたのおおきみ》に告《つ》げた。

「殿下《でんか》のお許《ゆる》しがいただければ、同行したいと思います」

大友皇子《おおとものおうじ》はその決断《けつだん》を歓迎《かんげい》した。

「そうしてくれると、私《わたし》も安心だ」

妻子《さいし》を危険《きけん》にさらしたくないと、大友皇子《おおとものおうじ》は考えていた。大津宮《おおつのみや》が戦場になるとは思えないが、万が一ということもある。そして、最悪の場合《ばあい》でも、大津宮《おおつのみや》を離《はな》れていれば、十市皇女《とおちのひめみこ》は中立だったと主張《しゅちょう》できるだろう。

山科《やましな》で、大友皇子《おおとものおうじ》と十市皇女《とおちのひめみこ》は別れた。大友皇子《おおとものおうじ》は東へ、十市皇女《とおちのひめみこ》は南へ向かう。再会《さいかい》できると、二人は信じていた。

緑《みどり》の濃《こ》い吉野《よしの》には、緊張《きんちょう》の糸がはりめぐらされているようだった。

大友皇子《おおとものおうじ》側は、天皇陵《てんのうりょう》をつくるために集めた民《たみ》を兵として使うつもりだという。また、大海人皇子《おおあまのおうじ》の領地《りょうち》がある美濃《みの》や尾張《おわり》からも、兵を集めようとしているらしい。これを許《ゆる》せば、大海人皇子《おおあまのおうじ》側に勝ち目はなくなってしまう。

しかし、大海人皇子《おおあまのおうじ》はなかなか腰《こし》をあげなかった。反乱《はんらん》を起こしたとき、どれだけの支持《しじ》が集まるか、自信がなかったからである。殺《ころ》されそうになって、やむにやまれず立ちあがった、というかたちをとりたい。ただ、ぐずぐずしていたら、本当に殺《ころ》されてしまうだろう。

讃良《さらら》はいらいらしながら、夫を見守っている。

「十市皇女《とおちのひめみこ》が大津宮《おおつのみや》を離《はな》れたそうです。敵《てき》はまもなく行動に移《うつ》るでしょう。もはや、味方の数をかぞえている場合《ばあい》ではありません」

大海人皇子《おおあまのおうじ》の顔色は悪い。悩《なや》みすぎて、眠《ねむ》れなくなっている。

「だが、天皇《てんのう》に反旗をひるがえしたとなれば、今はもちろん、後々《のちのち》まで非難《ひなん》されるのではなかろうか」

「勝てばいいのです」

讃良《さらら》はこともなげに言う。

「勝った者に人はしたがいます。勝った者が歴史《れきし》をつくります。一番悪く言われるのは、負けた者ですよ。何もせずに殺《ころ》されたら、あなたは裏切《うらぎ》り者として非難《ひなん》を浴びることになるでしょう」

「……」

大海人皇子《おおあまのおうじ》はしばらく沈黙《ちんもく》していた。

やがて、苦しげに言う。

「勝たなければ何もかも失う。それはわかっている。だが、今、兵をあげて勝てるどうか……」

讃良《さらら》は冷ややかな目を夫に向けた。

「勝てると断言《だんげん》はできません。確実《かくじつ》に言えるのは、今、立たなければ負ける、ということです」

「……そうだな。黙《だま》って滅《ほろ》ぼされるわけにはいかない」

大海人皇子《おおあまのおうじ》はようやく心を決めた。

六月二十二日、大海人皇子《おおあまのおうじ》は信頼《しんらい》する三人の舎人《とねり》を美濃《みの》の領地《りょうち》に送った。兵を集めて不破《ふわ》の地を押《お》さえるよう命じる。

不破《ふわ》は後《のち》に関所ができる交通の要地である。南北を山にはさまれており、東西に街道《かいどう》がのびている。畿内《きない》と東国つまり美濃《みの》や尾張《おわり》をつなぐ重要な道だ。そのすぐ東には、後《のち》に関ヶ原と呼《よ》ばれるせまい平地が位置している。

不破《ふわ》をふさげば、美濃《みの》や尾張《おわり》と大津宮《おおつのみや》の連絡《れんらく》はたたれる。大海人皇子《おおあまのおうじ》は両国《りょうこく》を拠点《きょてん》として、軍備《ぐんび》をととのえることができるのだ。

大海人皇子《おおあまのおうじ》はさらに、飛鳥《あすか》に使者を送って、駅鈴《えきれい》を手に入れようとした。この駅鈴《えきれい》があれば、公的な旅と認《みと》められ、各地の駅という施設《しせつ》で、休息をとったり、馬を乗り替《か》えたりできるようになる。

飛鳥《あすか》を守る高坂王《たかさかのおおきみ》は、大海人皇子《おおあまのおうじ》の味方だと思われていたのだが、このとき、駅鈴《えきれい》を渡《わた》さなかった。ただ、大海人皇子《おおあまのおうじ》の使者を捕《と》らえようともしなかった。

急報《きゅうほう》を受けた大海人皇子《おおあまのおうじ》は顔をしかめた。

「おのれ、高坂王《たかさかのおおきみ》め、約束を破《やぶ》ったか」

「腹《はら》を立てている場合《ばあい》ではありません」

讃良《さらら》が助言する。

「高坂王《たかさかのおおきみ》は大津《おおつ》に知らせるでしょう。すぐに脱出《だっしゅつ》しなければなりません」

「そのとおりだ」

六月二十四日、大海人皇子《おおあまのおうじ》一行は吉野《よしの》を出発した。いよいよ反乱《はんらん》のはじまりである。この乱《らん》は、起こった年の干支《えと》から「壬申《じんしん》の乱《らん》」と呼《よ》ばれることになる。

2

高坂王《たかさかのおおきみ》はただちに大津宮《おおつのみや》に使者を送り、大海人皇子《おおあまのおうじ》の行動を知らせた。使者が到着《とうちゃく》したのは、六月二十四日の日暮《ひぐ》れ時であった。

大津宮《おおつのみや》は急にさわがしくなった。たいまつを片手《かたて》に人が往《ゆ》き来《き》し、宮殿《きゅうでん》に大臣たちが集められる。

夜におこなわれた会議では、大友皇子《おおとものおうじ》を前に、激論《げきろん》がくりひろげられた。

「ただちに軍を送って、大海人皇子《おおあまのおうじ》をとらえましょう」

積極策《さく》をとなえる者もいれば、慎重《しんちょう》に対応《たいおう》するべきという者もいる。

「今から軍を送っても、追いつけるかどうかわかりません。討伐《とうばつ》するのは兵をあげてからでもよいのではありませんか」

「たとえ追いつけなくても、敵《てき》の行動を制限《せいげん》できるかもしれない。とにかく早く軍を出し、主導権《しゅどうけん》を握《にぎ》るべきだ」

「そのとおり。吉野《よしの》を出た時点で、反乱《はんらん》を起こしたとみなしてもよい。討《う》つのをためらってはならない」

重臣たちの間では、軍を送るべし、という考えが主流になった。しかし、大友《おおとも》皇子《おうじ》の心をとらえたのは、別の意見だった。

「こちらはすでに一万を超《こ》える兵を用意しております。堂々《どうどう》と反乱軍《はんらんぐん》を迎《むか》え撃《う》ち、正義《せいぎ》の力を見せつけてやりましょう」

正面から大海人皇子《おおあまのおうじ》を打ち破《やぶ》れば、大友皇子《おおとものおうじ》は自分の実力を証明《しょうめい》できる。「若《わか》すぎる」「政治《せいじ》の経験《けいけん》が少ない」といった批判《ひはん》の声を封《ふう》じて、天皇《てんのう》の位につけるだろう。兵力ではこちらが上なのだから、おそれる必要はない。

「追う必要はない。決戦して反逆者《はんぎゃくしゃ》を討伐《とうばつ》する」

方針《ほうしん》が定《さだ》まると、各地に使者が送られた。大海人皇子《おおあまのおうじ》の反乱《はんらん》を伝え、大友皇子《おおとものおうじ》のために兵を出すよう命じるものだ。

使者は夜のうちに出発したが、それよりも早く、大津《おおつ》を出た者がいる。大海人《おおあまの》皇子《おうじ》の長男、高市皇子《たけちのみこ》だ。皇子《みこ》は宮中のさわぎから、父にかかわる事件《じけん》が起こったことに気づき、急いで屋敷《やしき》を抜《ぬ》け出したのだ。合流場所については、いくつかの場合《ばあい》に分けて、父と打ち合わせてあった。

大友皇子《おおとものおうじ》の重臣たちが高市皇子《たけちのみこ》を捕《と》らえるよう命じたとき、屋敷《やしき》はすでにもぬけの殻《から》であった。高市皇子《たけちのみこ》は部下とともにひたすら馬を走らせて、合流をめざした。

もうひとり残っていた大海人皇子《おおあまのおうじ》の息子《むすこ》、大津皇子《おおつのみこ》は早朝に大津宮《おおつのみや》を脱出《だっしゅつ》した。まだ十歳《さい》の大津皇子《おおつのみこ》は、従者《じゅうしゃ》があやつる馬に乗っての逃避行《とうひこう》である。しかし、追っ手がかかると、大津皇子《おおつのみこ》は言った。

「私《わたし》はひとりでも乗れる。替《か》えの馬に移《うつ》ろう」

「おやめください。危険《きけん》です」

「危険《きけん》なのはわかっている。だが、このままではいずれ追いつかれてしまうだろう。ひとりずつ乗って、軽くしたほうがよい」

振《ふ》り返ると、追っ手の馬があげる土煙《つちけむり》が見える。従者《じゅうしゃ》はやむなく、いったん馬をとめた。大津皇子《おおつのみこ》がすばやく馬を乗り替《か》えて走り出す。近づいていた追っ手との距離《きょり》が、再《ふたた》び開いた。

追っ手は矢を放ってきた。風を切って飛ぶ矢が、大津皇子《おおつのみこ》の耳もとをかすめる。しかし、大津皇子《おおつのみこ》はひるまない。

「頼《たの》む、父のもとへ無事に連れていってくれ」

声をかけながら、大津皇子《おおつのみこ》は必死で馬を走らせた。


大海人皇子《おおあまのおうじ》は伊賀国《いがのくに》（今の三重県西部）の山地を越《こ》える道を通って、伊勢国《いせのくに》（今の三重県東部）の桑名《くわな》をめざしていた。馬には不向きな山道なので、男は徒歩で、讃良《さらら》や草壁皇子《くさかべのみこ》など女と子どもは輿《こし》に乗っていく。一行は総勢《そうぜい》三十数名である。伊賀《いが》は大友皇子《おおとものおうじ》の勢力範囲《せいりょくはんい》であるため、早く抜《ぬ》けてしまいたいが、道はけわしい。困難《こんなん》な旅となった。

予定よりも進みが遅《おそ》いため、夜を徹《てっ》して歩くことになった。空はどんよりと曇《くも》っており、月も星も見えない。道沿《みちぞ》いの家の垣根《かきね》を壊《こわ》してたいまつをつくった。その灯《あか》りを頼《たよ》りに、必死で歩《ほ》を進める。

翌日《よくじつ》も曇《くも》りであった。それも、たっぷりと雨を含《ふく》んだ黒雲が空に広がっている。

一行は短い休息と食事をとりつつ、先を急いだ。

伊賀《いが》と伊勢《いせ》の国境《こっきょう》までまもなくというころ、前方から人の声と馬のいななきが聞こえてきた。

「まさか敵《てき》……!?」

大海人皇子《おおあまのおうじ》は顔色を変えた。舎人《とねり》を走らせ、何者か確認《かくにん》させる。帰りを待つ間は永遠《えいえん》にも感じられた。

やがて、興奮《こうふん》で裏返《うらがえ》ったような声がひびいた。

「高市皇子《たけちのみこ》です。大津宮《おおつのみや》を脱出《だっしゅつ》してこられました！」

大海人皇子《おおあまのおうじ》は大きく息を吐《は》き出した。歓声《かんせい》があがり、女性《じょせい》たちの乗る輿《こし》からは、すすり泣く声も聞こえた。

高市皇子《たけちのみこ》は十数人の供《とも》を連れていた。馬にまたがる姿《すがた》はりりしく、一行を勇気づけた。

「敵《てき》は追っ手を出さないようです。各地から集まってくる大軍をもって、正面から我々《われわれ》を討《う》つつもりかと思われます」

「望むところだ」

大海人皇子《おおあまのおうじ》はうなずいた。追っ手が来《こ》ないのは助かるが、いずれにしても早く桑名《くわな》にたどりついて、美濃《みの》や尾張《おわり》の兵と合流したい。

心強い味方を得《え》て、大海人皇子《おおあまのおうじ》一行は伊勢《いせ》国に入った。鈴鹿《すずか》まで来たところで、味方の一軍に出会った。大海人皇子《おおあまのおうじ》が兵を集めていると聞いて、美濃《みの》や伊勢《いせ》から駆《か》けつけてきた者たちで、総勢《そうぜい》五百人を数えた。

大海人皇子《おおあまのおうじ》はこの兵力で、鈴鹿《すずか》の山道を封鎖《ふうさ》した。これは大津《おおつ》から東国へ向かう道のひとつである。

最後の山越《やまご》えを前に、日が暮《く》れた。大海人皇子《おおあまのおうじ》はやむなく、休息を命じた。讃良《さらら》をはじめ、女性《じょせい》や子どもたちの疲労《ひろう》が頂点《ちょうてん》に達していたからである。

「私《わたし》のことはかまわないでください」

讃良《さらら》は気丈《きじょう》に言ったが、額《ひたい》には汗《あせ》の玉が浮《う》かんでおり、身体《からだ》はほてっている。具合《ぐあい》が悪いのはだれの目にも明らかであった。

しかし、歩みをとめてまもなく、遠くで雷《かみなり》がとどろいた。

「雨になります。少しでも先に進みましょう」

讃良《さらら》の言葉で、大海人皇子《おおあまのおうじ》は出発を命じた。雷《かみなり》が鳴りひびき、大粒《おおつぶ》の雨が落ちてくる。一行は互《たが》いにはげましあいながら、降《ふ》りしきる雨のなかを歩いた。

雨はやがてやんだが、一行はずぶ濡《ぬ》れになってしまった。夏のこととは言え、ひどく身体《からだ》が冷える。ちょうど集落にさしかかったので、家を燃《も》やして暖《だん》をとった。大友皇子《おおとものおうじ》側の集落なので、遠慮《えんりょ》はいらない。

朝になって、ようやく平地にたどりついた。川のほとりに出た一行は、倒《たお》れこむようにすわりこんだ。

「みなの者、よく難路《なんろ》に耐《た》えてくれた。ここまで来れば、桑名《くわな》は間近だ」

大海人皇子《おおあまのおうじ》が配下の者たちをねぎらっていると、東の空で雲が切れた。朝日が顔を出して、暖《あたた》かな光を投げかける。感動の声があがった。

「天の恵《めぐ》みだ。神は我々《われわれ》を守ってくれるぞ」

大海人皇子《おおあまのおうじ》は天照大神《あまてらすおおかみ》に祈《いの》りをささげた。

ちょうどそのとき、鈴鹿《すずか》方面から追いついてくる一団《いちだん》があった。山道は封鎖《ふうさ》しているから、敵《てき》ではない。これは、大津宮《おおつのみや》を脱出《だっしゅつ》してきた大津皇子《おおつのみこ》と従者《じゅうしゃ》たちであった。

「無事であったか！」

大海人皇子《おおあまのおうじ》は満面の笑《え》みで息子《むすこ》を迎《むか》えた。疲《つか》れが吹《ふ》き飛んだ心持ちである。

さらに、美濃《みの》からの使者が来て、兵は順調に集まってきており、不破《ふわ》の封鎖《ふうさ》に

も成功したとの報告《ほうこく》があった。

「神のご加護《かご》だ」

大海人皇子《おおあまのおうじ》は自信を深めた。これで、兵が集まる前に撃破《げきは》される心配はなくなった。敵《てき》の動きはにぶく、戦いを有利に進められそうだ。

「今夜はきっとゆっくり寝《ね》られるぞ」

大海人皇子《おおあまのおうじ》は、輿《こし》から降《お》りた讃良《さらら》に語りかけた。

「ようございました」

讃良《さらら》はつくり笑いを浮《う》かべた。夫ほどに喜《よろこ》んでいないのは、体調が悪いからだけではない。

「運のいいこと」

内心でつぶやく。

大津皇子《おおつのみこ》をなでる手に、温かみはなかった。姉の子に愛情《あいじょう》などない。大津皇子《おおつのみこ》は、将来《しょうらい》、息子《むすこ》の競争相手となる存在《そんざい》であった。

3

六月二十六日、大海人皇子《おおあまのおうじ》一行は桑名《くわな》にたどりついて、この地を本営《ほんえい》と定《さだ》めた。高市皇子《たけちのみこ》を不破《ふわ》に送って、集まった兵を訓練し、戦《いくさ》に備《そな》えるよう命じる。高市皇《たけちのみ》子《こ》はまだ若《わか》いが、背《せ》が高くて見栄《みば》えがよく、声も大きい。指揮官《しきかん》にふさわしいと思われた。

だが翌日《よくじつ》、使者が桑名《くわな》にやってきて、高市皇子《たけちのみこ》の言葉を伝えた。

「不破《ふわ》と桑名《くわな》は距離《きょり》があって、すぐには指示《しじ》が届《とど》きません。兵士《へいし》たちをはげますためにも、本営《ほんえい》を前に出してください」

「言いたいことはわかるが……」

大海人皇子《おおあまのおうじ》は悩《なや》んだ。総大将《そうだいしょう》が最前線で指揮《しき》をとる必要はないが、あまり後ろに引っこんでいては、士気《しき》が下がってしまうだろう。安全な場所で命令だけ出すというのは、自分でも気分がよくない。不破《ふわ》に行きたいと思うが讃良《さらら》の体調が心配だった。

讃良《さらら》はまだ熱が下がらずに寝《ね》こんでいる。それでも、大海人皇子《おおあまのおうじ》が相談すると、苦しげに身を起こした。

「こちらは私《わたし》に任《まか》せて、どうぞ行ってください」

「しかし、そなたや子どもたちをおいていくのは……」

なおためらう様子の大海人皇子《おおあまのおうじ》に、讃良《さらら》はするどい声を投げかけた。

「しっかりしてください。生きるか死ぬかの戦いなのですよ。今なお、どちらに味方するか迷《まよ》っている者が大勢《おおぜい》います。彼《かれ》らはどちらが勝つのか、見極《みきわ》めようとしているのです。あなたが堂々《どうどう》としていれば、勝つと思って味方する者が出てくるでしょう。どうか弱気を捨《す》て、勇気を持って立ち向かってください」

大海人皇子《おおあまのおうじ》は目を見開き、姿勢《しせい》を正した。

「そなたの言うとおりだ」

自分のほおをおさえつけるようにたたいて、気合いを入れる。

「約束する。必ず勝利の報告《ほうこく》を届《とど》けると」

「その意気です」

讃良《さらら》はこのとき、話すのもつらかったのだが、心配をかけまいとこらえていた。

大海人皇子《おおあまのおうじ》は、妻《つま》や幼《おさな》い息子《むすこ》たちを桑名《くわな》に残し、少数の供《とも》を連れて不破《ふわ》に向かった。

不破《ふわ》までまもなくのところで、尾張《おわり》の地方官がたずねてきた。大津宮《おおつのみや》からの命令で二万の兵を集めたが、大海人皇子《おおあまのおうじ》の挙兵を聞いて、味方したいと考えたのだという。大海人皇子《おおあまのおうじ》は大喜《おおよろこ》びで受け入れた。

「ありがたい。勝利がはっきりと見えてきたぞ」

心強い味方を得《え》た大海人皇子《おおあまのおうじ》は、不破《ふわ》に本営《ほんえい》をおいて、高市皇子《たけちのみこ》と合流した。

三万を超《こ》える兵力を前にして、大海人皇子《おおあまのおうじ》は笑《え》みを浮《う》かべたが、不安もあった。

内心を思わず口に出してしまう。

「兵は充分《じゅうぶん》だ。あとは将《しょう》だな。息子《むすこ》たちがもう少し大きかったらなあ」

大海人皇子《おおあまのおうじ》がとくに期待しているのは大津皇子《おおつのみこ》である。文武《ぶんぶ》両面の才能《さいのう》にすぐれており、将来《しょうらい》が楽しみなのだが、まだ十歳《さい》なので桑名《くわな》においてこなければならなかった。

「私《わたし》がおります」

高市皇子《たけちのみこ》が張《は》りのある声で主張《しゅちょう》した。

「未熟《みじゅく》の身ではありますが、私《わたし》が陛下《へいか》の代わりに軍をひきいて敵《てき》を討《う》ちます。敵《てき》方《がた》にはたくさんの臣《しん》がいますが、正統《せいとう》な天皇陛下《てんのうへいか》の威厳《いげん》の前にはひれ伏《ふ》すでしょう。我《わ》が軍を防《ふせ》ぐことなどできません」

堂々《どうどう》とした態度《たいど》と、はっきりした口調に、大海人皇子《おおあまのおうじ》は感激《かんげき》した。

「よく言った」

息子《むすこ》の手をとって告《つ》げる。

「そなたに任《まか》せよう。帝位《ていい》を盗《ぬす》んだ敵《てき》を打ち破《やぶ》ってこい！」

地鳴りのような歓声《かんせい》がわきおこった。

大海人皇子《おおあまのおうじ》軍は、高市皇子《たけちのみこ》の指揮《しき》のもとで訓練をおこない、決戦のときを待った。


六月二十九日、飛鳥《あすか》――。

高坂王《たかさかのおおきみ》がひきいる大友皇子《おおとものおうじ》軍の陣営《じんえい》には、続々《ぞくぞく》と兵が集まりつつあった。徴《ちょう》兵《へい》されたばかりなので、まだ緊張《きんちょう》感はなく、列に並《なら》ぶこともできていない。

「これを戦えるようにするのは大変だな」

高坂王《たかさかのおおきみ》はため息をついた。訓練が重要になるが、あまり時間をかけていると、戦《いくさ》に間に合わなくなってしまう。大津宮《おおつのみや》まで行軍すれば、命令にしたがうくらいはできるようになるだろうか。

悩《なや》んでいると、兵のざわめきが大きくなって、高坂王《たかさかのおおきみ》は顔をあげた。馬のいななきや人の悲鳴が聞こえてくる。混乱《こんらん》が陣《じん》のはしのほうから中央へと近づいてきた。

「何事だ⁉」

うんざりしながらたずねたとき、野太い声が耳に届《とど》いた。

「不破《ふわ》から高市皇子《たけちのみこ》の軍がやってきた。とんでもない大軍だぞ！」

叫《さけ》ぶ男は、ふんどし一枚《まい》で馬に乗っていた。布《ぬの》きれを振《ふ》りまわしながら、敵《てき》だ、敵《てき》だ、とさわいでいる。

高坂王《たかさかのおおきみ》はうろたえた。敵《てき》はこちらに大軍を送る余裕《よゆう》があるのだろうか。そもそも、不破《ふわ》からここまで、どこを通ってきたのか。

兵たちが混乱《こんらん》するのも無理はなかった。まだ武器《ぶき》も持っていないのに、いきなり敵《てき》が来たというのである。指揮官《しきかん》たちもあわてふためくばかりで、ろくに命令も出せない。

蹄《ひづめ》の音が高らかに鳴りひびいた。盛大《せいだい》に土煙《つちけむり》をあげて、騎馬《きば》の一団《いちだん》が突《つ》っこんでくる。兵たちは悲鳴をあげて左右に散る。きれいに開いた道を騎兵《きへい》が駆《か》けて、高坂王《たかさかのおおきみ》のもとにたどりついた。

高坂王《たかさかのおおきみ》は剣《けん》をかまえたが、すでに遅《おそ》い。矛《ほこ》でなぐられてふらふらするうちに、縛《しば》りあげられてしまった。

ふんどし姿《すがた》の男が高笑いしている。

「ざまを見ろ。愚《おろ》か者め」

陣《じん》を襲撃《しゅうげき》したのは、大海人皇子《おおあまのおうじ》に味方する大伴吹負《おおとものふけい》の部隊であった。大伴氏《おおとも》はかつては有力な豪族《ごうぞく》であったが、このころは勢力《せいりょく》がおとろえていた。大伴吹負《おおとものふけい》は再《ふたた》び勢《いきお》いを取り戻《もど》そうと、不利な状況《じょうきょう》の大海人皇子《おおあまのおうじ》に賭《か》けたのであった。

ふんどし姿《すがた》の男は渡来人《とらいじん》の一族で、名を秦熊《はだのくま》という。大伴吹負《おおとものふけい》にしたがう仲間のひとりだ。大伴吹負《おおとものふけい》や秦熊《はだのくま》たちは、少数精鋭《せいえい》での奇襲《きしゅう》を試み、見事に成功させたのである。

大友皇子《おおとものおうじ》軍の指揮官《しきかん》のうち、降伏《こうふく》しなかった者は殺《ころ》された。高坂王《たかさかのおおきみ》は剣《けん》を突《つ》きつけられる前に言った。

「大海人皇子《おおあまのおうじ》にお味方します。どうかお助けください」

こうして、飛鳥《あすか》は大海人皇子《おおあまのおうじ》軍の手に落ち、集められた兵はそのまま大海人皇子《おおあまのおうじ》の軍に加わった。

その結果、大海人皇子《おおあまのおうじ》有利、との見立てが、大和《やまと》の豪族《ごうぞく》の間に広まった。彼《かれ》らは勝者に味方しようと、大伴吹負《おおとものふけい》のもとに集まってくる。

「このまま大津宮《おおつのみや》を攻撃《こうげき》してやる。一番の手柄《てがら》をねらうぞ」

大伴吹負《おおとものふけい》は有頂天《うちょうてん》になっていた。

四章

乱《らん》の勝者

1

飛鳥《あすか》を奪《うば》われたという報告《ほうこく》は、その日のうちに大津宮《おおつのみや》に届《とど》いた。軍議が開かれ、大友皇子《おおとものおうじ》の側近のひとりが提案《ていあん》した。

「こちらも奇襲《きしゅう》をかけましょう。少数精鋭《せいえい》で不破《ふわ》の敵陣《てきじん》を襲《おそ》うのです。大海人皇子《おおあまのおうじ》を討《う》ちとれば、それで勝利が決まります」

大友皇子《おおとものおうじ》は顔をしかめた。正々堂々《せいせいどうどう》と戦いたいのである。だが、側近たちは正面から戦って勝てるかどうか、不安に思っていた。

「敵《てき》が先に奇襲《きしゅう》をかけてきたのです。同じ策《さく》を使っても、卑怯《ひきょう》だとは言われません」

「少数で敵《てき》の本営《ほんえい》をねらうのは、むしろ当たり前の作戦です」

多数の意見に押《お》し切られるかたちで、大友皇子《おおとものおうじ》は奇襲《きしゅう》を許可《きょか》した。ただ、奇襲《きしゅう》部隊につづいて主力部隊も進軍し、奇襲《きしゅう》が成功しても失敗しても、主力部隊が攻《こう》撃《げき》するという作戦が定《さだ》められた。

両部隊は、琵琶湖《びわこ》の東岸を通って不破《ふわ》に向かう。

七月一日夜、奇襲《きしゅう》部隊が玉倉部邑《たまくらべのむら》の敵陣《てきじん》に襲《おそ》いかかった。この陣《じん》を抜《ぬ》けば、大《おお》海人皇子《あまのおうじ》のいる本営《ほんえい》まで、さえぎるものはない。

大友軍はかがり火にむかって矢を放ち、ついで剣《けん》をかまえて突入《とつにゅう》する。

「敵襲《てきしゅう》！」

見張《みは》りの叫《さけ》び声が闇《やみ》をつんざき、鐘《かね》が激《はげ》しく打ち鳴らされた。大海人《おおあま》軍は急いで体勢《たいせい》をととのえ、奇襲《きしゅう》部隊を迎《むか》え撃《う》とうとする。

大友軍は選び抜《ぬ》かれた精鋭《せいえい》だけあって、動きはすばやく、戦意は高かった。次々と敵兵《てきへい》を倒《たお》して、奥《おく》へ奥《おく》へと突《つ》き進んでいく。先頭を進む兵は返り血をあびて、顔を真っ赤《か》に染《そ》めていた。かがり火のとぼしい灯《あか》りの下で、その表情《ひょうじょう》は鬼《おに》のように見える。

「ひるむな！　食《く》いとめろ！」

大海人軍《おおあまぐん》の守備隊《しゅびたい》を指揮《しき》する出雲狛《いずものこま》が叫《さけ》んだ。みずからも剣《けん》をとって、激戦《げきせん》の場所へと走る。

「敵《てき》は少ないぞ！　おそれるな！」

出雲狛《いずものこま》は味方をはげますために言っているのだが、大友軍が少数なのは事実だった。そのおかげで、大海人軍《おおあまぐん》はぎりぎりのところで踏《ふ》んばれた。突破《とっぱ》を許《ゆる》さず、奇襲《きしゅう》部隊を押《お》し返そうとする。

激《はげ》しい戦闘《せんとう》は夜が白みはじめるまでつづいた。

結局、大友軍は突破《とっぱ》をあきらめて撤退《てったい》した。大海人軍《おおあまぐん》は多くの犠牲《ぎせい》を出しながらも、玉倉部邑《たまくらべのむら》の陣《じん》を守りきったのである。

ただ、大友軍としては、奇襲《きしゅう》が完全に失敗だったとは言えない。この後に主力部隊が総攻撃《そうこうげき》をかければ、有利に戦えるだろう。奇襲《きしゅう》部隊の指揮官《しきかん》はそう考えて、撤退《てったい》を決断《けつだん》したのだ。

しかし、七月二日、大友軍の主力部隊は行軍をとめていた。

三人の指揮官《しきかん》が唾《つば》を飛ばして言い争っている。

「きさま、裏切《うらぎ》るつもりだな⁉　敵《てき》の使者と会っていただろう」

「裏切《うらぎ》りの誘《さそ》いはあったが断《ことわ》った。私《わたし》の忠誠《ちゅうせい》は変わらない」

「信じられるものか」

「そうだ、そうだ、裏切《うらぎ》るつもりがないなら、使者を斬《き》っているはずだ」

口論《こうろん》の末、剣《けん》がひらめいた。

裏切《うらぎ》り者と呼《よ》ばれた山部王《やまべのおおきみ》が、血だまりのなかに倒《たお》れていた。山部王《やまべのおおきみ》はもともと大海人皇子《おおあまのおうじ》に味方するのではないかと思われていた。にもかかわらず、大友《おおとも》皇子《おうじ》に忠誠《ちゅうせい》を誓《ちか》ったので、指揮官《しきかん》に任命《にんめい》されていたのだが、内輪もめの末に殺《ころ》されたのである。

殺《ころ》した二人は顔を見あわせて無言だった。思わず剣《けん》をふるってしまったが、裏《うら》切《ぎ》りの証拠《しょうこ》があるわけではない。これからどうすればよいのか。

すでに兵士《へいし》たちが騒《さわ》ぎ出しており、山部王《やまべのおおきみ》の死は隠《かく》しきれない。行軍をつづけて戦いにおもむくのはとても無理だ。

大友軍は大津《おおつ》へと引き返した。指揮官《しきかん》の一人は、大友皇子《おおとものおうじ》に山部王《やまべのおおきみ》の件《けん》を報《ほう》告《こく》したあと、みずから死を選んだ。彼《かれ》は天智天皇《てんじてんのう》の命令で、大友皇子《おおとものおうじ》を支《ささ》えていた五人の重臣の一人である。

大友軍には、本格的《ほんかくてき》な戦いに入る前から、自滅《じめつ》の気配がただよっていた。

一方、同じ七月二日に、大海人《おおあま》軍はいよいよ進撃《しんげき》をはじめた。充分《じゅうぶん》な兵力があるので、全軍を二手に分けた。一隊を飛鳥《あすか》方面に援軍《えんぐん》として送り、一隊は琵琶湖《びわこ》沿《ぞ》いに大津宮《おおつのみや》をめざす。うまくいけば、東と南の二方向から大津宮《おおつのみや》を攻撃《こうげき》できる。

さらに、大海人皇子《おおあまのおうじ》は少数の別働隊を琵琶湖《びわこ》の北へ向かわせた。北からまわりこんで、大津宮《おおつのみや》を攻撃《こうげき》する作戦である。

「勇気をもって戦えば、必ず道はひらける。みなの奮闘《ふんとう》に期待する」

大海人皇子《おおあまのおうじ》は馬上で朗々《ろうろう》と告《つ》げ、兵士《へいし》たちを送り出した。彼《かれ》らは目印として赤い布《ぬの》を首に巻《ま》いている。これは中国の漢《かん》王朝の色である。大海人皇子《おおあまのおうじ》は漢《かん》王朝を建てた劉邦《りゅうほう》にあこがれており、赤を好んでいた。

大津宮《おおつのみや》をめざす本隊は、高市皇子《たけちのみこ》を先頭にして、ゆっくりと行軍する。これは飛鳥《あすか》方面の状況《じょうきょう》と敵軍《てきぐん》の動きを確認《かくにん》するためだ。行軍が速すぎると、本隊だけ敵《てき》の勢力範囲《せいりょくはんい》に突《つ》き出るかたちになって危険《きけん》である。

若《わか》い高市皇子《たけちのみこ》は、たかぶる気持ちをもてあましていた。勇ましい発言をして指《し》揮官《きかん》に任命《にんめい》されたのだから、早く戦って成果をあげたい。

「我々《われわれ》だけで戦ったらまずいだろうか」

高市皇子《たけちのみこ》は側近にたずねた。

「お気持ちはわかりますが、作戦にしたがいましょう」

高市皇子《たけちのみこ》の下で実際《じっさい》に指揮《しき》をとるのは、大海人皇子《おおあまのおうじ》に仕えてきた舎人《とねり》たちである。地位は低いが、忠誠心《ちゅうせいしん》は高い。たとえだれが相手でも、敵《てき》の数が多くても、ひるむことはないだろう。

「しかし、このままだと、飛鳥《あすか》の戦いで勝負が決まってしまうかもしれないぞ」

「心配なさいますな。飛鳥《あすか》はたしかに重要ですが、最後はやはり、私《わたし》たちが大津宮《おおつのみや》を攻《せ》め落とすことになりますよ」

飛鳥《あすか》で勝てば、二方向から攻《せ》めることができて楽な戦いになる。もし負けても、大友軍は飛鳥《あすか》に多くの軍を送っているから、正面決戦で逆転《ぎゃくてん》できる。舎人《とねり》たちはそう説明した。

「都合がよすぎるように思うが……」

高市皇子《たけちのみこ》は眉《まゆ》をひそめつつもうなずいた。余《あま》った時間で兵を動かし、訓練しながら、戦いの日を待つ。

飛鳥《あすか》の奇襲《きしゅう》を成功させた大伴吹負《おおとものふけい》は、勢《いきお》いに乗っていた。奇襲《きしゅう》の翌日《よくじつ》には飛鳥《あすか》を出発して、大和国《やまと》と山背国《やましろ》（今の京都府南部）の国境《こっきょう》にある及楽山《ならやま》をめざす。その道中、周辺の豪族《ごうぞく》たちが、大海人《おおあま》軍に味方しようと駆《か》けつけてくる。

一方、大友軍が飛鳥《あすか》の奪還《だっかん》のために軍を送ったという情報《じょうほう》も入ってきた。まずは河内《かわち》国（今の大阪《おおさか》府東部および南西部）にいた軍が近づいてきているという。

「面倒《めんどう》だな」

大伴吹負《おおとものふけい》は河内《かわち》方面に三百人ほどの部隊を送って対応《たいおう》させた。

しかし、大友軍は数千に及《およ》んでおり、大伴吹負《おおとものふけい》が送った部隊は数が少なすぎた。

七月三日、河内《かわち》における戦いは大友軍の勝利に終わる。

勝った大友軍はそのまま飛鳥《あすか》に向かおうとしたが、ここでも内輪もめが起こった。

「まともに戦わなかったやつがいる。敵《てき》に通じているにちがいない」

ひとりの将《しょう》がそう責《せ》められたのである。疑《うたが》われた将《しょう》はたしかに大海人皇子《おおあまのおうじ》と縁《えん》があった。結局、彼《かれ》はみずから命を絶《た》つことになる。この事件《じけん》のせいで、大友軍の進軍はとまってしまった。

同じ日、大伴吹負《おおとものふけい》ひきいる大海人《おおあま》軍は、及楽山《ならやま》に陣《じん》をしいた。大津《おおつ》方面から南下してくる大友軍を迎《むか》え撃《う》つためだ。指揮官《しきかん》の吹負《ふけい》をはじめとして、大海人《おおあま》軍の将兵《しょうへい》は戦意にあふれていたが、荒田尾赤麻呂《あらたおのあかまろ》という男が不安を述《の》べた。

「我々《われわれ》はほぼ全軍で出陣《しゅつじん》したため、飛鳥《あすか》には守備隊《しゅびたい》がいません。もし敵《てき》が河内《かわち》など別の方面から襲《おそ》ってきたら、あっさりと落ちてしまいます。飛鳥《あすか》は本営《ほんえい》なのですから、固く守るべきではありませんか」

「うるさいな」

大伴吹負《おおとものふけい》は迷惑《めいわく》そうに応《おう》じた。

「五百ほどの兵を分けてやる。おまえが行って守れ」

「それでは少なすぎますが……」

荒田尾赤麻呂《あらたおのあかまろ》は言いかけたが、吹負《ふけい》ににらまれて、口をつぐんだ。五百の兵をひきいて飛鳥《あすか》に引き返す。

荒田尾赤麻呂《あらたおのあかまろ》の一隊が出発してしばらくすると、河内《かわち》方面の戦いで敗れたという報告《ほうこく》がもたらされた。

「河内《かわち》の敵《てき》はそんなに多かったのか。さすがにまずいな」

大伴吹負《おおとものふけい》は青くなったが、すぐに気を取り直した。

「そのために荒田尾赤麻呂《あらたおのあかまろ》を飛鳥《あすか》に送ったのだ。きっと敵《てき》を食《く》いとめてくれるにちがいない。おれは目の前の敵《てき》を倒《たお》すことに集中しよう」

目の前の敵《てき》、つまり大津《おおつ》方面から進軍してくる大友軍は、すでに見張《みは》りによって確認《かくにん》されていた。吹負《ふけい》の目にも、炊事《すいじ》の煙《けむり》があがるのが見えている。

「決戦は明日だ。兵士《へいし》たちをよく休ませておけ」

吹負《ふけい》は部下に命じた。負けたらどうするかは、考えていなかった。

2

大海人《おおあま》軍は高所に布陣《ふじん》し、木の柵《さく》を立てて敵《てき》を待ちかまえた。有利な態勢《たいせい》であったが、波のように押《お》しよせてくる大友軍を見て、大伴吹負《おおとものふけい》は不安を感じた。

こめかみを冷《ひ》や汗《あせ》がつたっている。

「聞いていたより、数が多いな」

大友軍は一万を超《こ》えているようだ。こちらの二倍はいるのではないか。

「食《く》いとめろ！」

大伴吹負《おおとものふけい》は甲高《かんだか》い声で叫《さけ》んだ。

大海人《おおあま》軍は矢を放って防戦《ぼうせん》し、敵《てき》が近づいてからは、長い柄《え》の矛《ほこ》を突《つ》き出して戦う。大友軍も矛《ほこ》をかまえ、盾《たて》をかかげて丘《おか》を駆《か》け登る。

大友軍の勢《いきお》いはすさまじく、大海人《おおあま》軍は腰《こし》が引けてしまった。柵《さく》をやすやすと突破《とっぱ》され、悲鳴をあげて逃《に》げまどう。大伴吹負《おおとものふけい》は必死で声をはりあげたが、兵士《へいし》たちは命令を聞かず、まともに戦おうとしない。負け戦《いくさ》なのは明らかだ。

「ええい、仕方ない」

吹負《ふけい》は戦場に背《せ》をむけた。及楽山《ならやま》を駆《か》けおり、少数の部下とともに馬で南へ走る。

「まもなく不破《ふわ》から援軍《えんぐん》が来る。合流して再戦《さいせん》だ」

吹負《ふけい》は威勢《いせい》のいいことを言いながらも、ふるえがとまらなかった。

大海人《おおあま》軍を蹴散《けち》らした大友軍は、逃《に》げる吹負《ふけい》を無視《むし》して、飛鳥《あすか》へと軍を進めた。

河内《かわち》方面の部隊と呼吸《こきゅう》をあわせて、二方向から飛鳥《あすか》を攻《せ》める作戦だ。

ところが、飛鳥《あすか》を目前にして、大友軍は動きをとめた。

「どういうことだ。飛鳥《あすか》は空っぽだという情報《じょうほう》だったが……」

指揮官《しきかん》は不審《ふしん》そうに目をこらした。

飛鳥《あすか》の守備隊《しゅびたい》をひきいるのは、及楽山《ならやま》から引き返した荒田尾赤麻呂《あらたおのあかまろ》である。赤《あか》麻呂《まろ》は橋を壊《こわ》して敵《てき》の接近《せっきん》を防《ふせ》ぐとともに、橋の木材を盾《たて》として防御陣《ぼうぎょじん》を築《きず》いていた。

大友軍の指揮官《しきかん》は、この陣《じん》を見て、疑心暗鬼《ぎしんあんき》にかられた。

「あれほどの盾《たて》を並《なら》べるとは、実は大軍がひそんでいるのではないか。及楽山《ならやま》であっさりと負けたのは、我《われ》らを誘《さそ》いこむ策略《さくりゃく》かもしれない」

しかも、初戦に勝ったはずの河内《かわち》方面軍がなかなかやってこない。これは内輪もめがあったせいなのだが、その情報《じょうほう》はまだ伝わっていなかった。

「ここは慎重《しんちょう》に様子を見るべきだな」

大友軍の指揮官《しきかん》は、いったん後退《こうたい》するよう命じた。

これにより、飛鳥《あすか》の危機《きき》はひとまず去ったのである。

大伴吹負《おおとものふけい》は飛鳥《あすか》の状況《じょうきょう》を知らず、その東方の山中にいた。そろそろ不破《ふわ》からの援軍《えんぐん》が来るはずだと、そわそわしながら待っている。

読みがあたって、援軍《えんぐん》の姿《すがた》があらわれたとき、吹負《ふけい》は喜《よろこ》びのあまり踊《おど》り出しそうになった。この援軍《えんぐん》はすべて騎兵《きへい》で、なるべく早く到着《とうちゃく》するように編成《へんせい》されたものだった。置始菟《おきそめのうさぎ》という男がひきいている。

「ん？　援軍《えんぐん》はたったこれだけか？」

吹負《ふけい》の表情《ひょうじょう》がだんだんとくもってきた。置始菟《おきそめのうさぎ》があいさつしたときには、仏頂面《ぶっちょうづら》になっている。

「遅《おそ》かったな。しかも数が少ない」

置始菟《おきそめのうさぎ》は一瞬《いっしゅん》、吹負《ふけい》をにらんだ。

「お困《こま》りのことと思い、騎《き》兵《へい》だけ先行してきたのです。本隊は後から来ます」

冷静な口調に、怒《いか》りがこめられている。

「それでは飛鳥《あすか》が落ちてしまう」

「だとしても、私《わたし》たちの責任《せきにん》ではありません」

二人はにらみあったが、大友軍が飛鳥攻撃《あすかこうげき》を中止して後退《こうたい》したと聞いて、ほっと息をついた。


二日後の七月六日、態勢《たいせい》をととのえた河内《かわち》方面の大友軍が、飛鳥《あすか》に攻《せ》めよせてきた。大伴吹負《おおともの ふけい》のもとに、まだ援軍《えんぐん》の本隊は到着《とうちゃく》していない。敵《てき》は数千、味方は千に満たない。

「我《われ》らだけで何とかしないといけないのか」

吹負《ふけい》はため息をついて、出撃準備《しゅつげきじゅんび》にとりかかった。置始菟《おきそめのうさぎ》が言う。

「報告《ほうこく》によれば、敵《てき》は大半が歩兵《ほへい》です。騎兵《きへい》の突撃《とつげき》が有効《ゆうこう》でしょう」

「そう簡単《かんたん》にいかないのが戦《いくさ》だぞ」

吹負《ふけい》は偉《えら》そうに応《おう》じたが、名案があるわけではない。戦闘《せんとう》がはじまると同時に、騎《き》兵《へい》に突撃《とつげき》を命じた。

大地を揺《ゆ》らして、大海人《おおあま》軍の騎兵《きへい》が突進《とっしん》する。土煙《つちけむり》が高くあがって、日の光をさえぎった。どどっ、どどっと、蹄《ひづめ》の音がひびき、だんだんと大きくなる。あまりの迫力《はくりょく》に、大友軍の歩兵《ほへい》は足をとめ、顔をひきつらせた。

大海人《おおあま》軍の先陣《せんじん》を切るのは、ひときわ体格《たいかく》のいい男だった。矛《ほこ》をふりまわして敵陣《てきじん》に突《つ》っこみ、敵兵《てきへい》を弾《はじ》きとばして駆《か》け抜《ぬ》ける。

「あいつのあとにつづけ！」

吹負《ふけい》の指示《しじ》は的確《てきかく》だった。大海人《おおあま》軍の騎兵《きへい》はきりをもむようにして、敵《てき》の軍列に穴《あな》を開け、さらに広げていく。

置始菟《おきそめのうさぎ》も配下の兵をはげました。

「おれたちも負けていられるか。勝てば褒美《ほうび》をはずむぞ。進め！」

吹負《ふけい》と置始菟《おきそめのうさぎ》の部隊は競《きそ》うようにして、敵兵《てきへい》を倒《たお》していく。大友軍はほとんどが徴兵《ちょうへい》されたばかりの兵であり、いったん崩《くず》れると歯止めがきかない。

「これは圧勝《あっしょう》だな」

余裕《よゆう》が出てきた吹負《ふけい》は、兵たちに告《つ》げた。

「あまり殺《ころ》すなよ。大友皇子《おおとものおうじ》を討《う》てば、敵兵《てきへい》は我《われ》らの民《たみ》になるのだぞ」

大海人《おおあま》軍は降伏《こうふく》を呼《よ》びかけ、多くの捕虜《ほりょ》を得《え》た。

戦《いくさ》は大海人《おおあま》軍の勝利に終わり、吹負《ふけい》は鼻高々《たかだか》である。

「及楽山《ならやま》では少し油断《ゆだん》しただけだ。本気を出せばこんなものよ」

置始菟《おきそめのうさぎ》があきれ顔で指摘《してき》する。

「それこそ油断《ゆだん》です。まだ北に敵軍《てきぐん》が残っていますよ」

大友軍は大津《おおつ》方面が本隊で、一万を数える。彼《かれ》らが河内《かわち》方面軍と協力して攻撃《こうげき》してきたら、大海人《おおあま》軍の勝利はなかっただろう。大友軍の指揮官《しきかん》は慎重《しんちょう》を通り越《こ》して、消極的だった。あるいは、内心では大海人皇子《おおあまのおうじ》の勝利を願っていたのかもしれない。

そうした事情《じじょう》を深く考えず、吹負《ふけい》は豪快《ごうかい》に笑った。

「大友軍の力はわかった。おそれるには足りぬわ」

そこに援軍《えんぐん》の本隊が到着《とうちゃく》して、吹負《ふけい》は自信をさらに高めた。

七月八日、大友軍の本隊が大津《おおつ》方面からようやく南下してきた。指揮官《しきかん》を変えており、士気《しき》は高い。

迎《むか》え撃《う》つ大海人《おおあま》軍のほうは、援軍《えんぐん》を加えて二万近い軍勢《ぐんぜい》になっている。敵《てき》の倍の兵数になったため、大伴吹負《おおとものふけい》はもう勝った気でいた。

「作戦は？　ふむふむ、敵《てき》が上中下の三つの道に分かれているから、こちらも三つに分かれるのだな。それなら、おれは中の道を引き受けよう」

「くれぐれも油断《ゆだん》しないでください」

置始菟《おきそめのうさぎ》の言葉を聞き流し、吹負《ふけい》は鼻歌をうたいながら、戦場におもむく。

吹負《ふけい》は知らなかったが、中の道は大友軍の中核部隊《ちゅうかく》が担当《たんとう》していた。大友軍は精鋭《せいえい》を選んで、吹負《ふけい》の本営《ほんえい》に奇襲《きしゅう》をしかけた。

前線から少し離《はな》れた本営《ほんえい》で、吹負《ふけい》はのんびりと勝利の報告《ほうこく》を待っていた。そこに、道なき道を踏《ふ》みこえてきた精鋭《せいえい》たちが襲《おそ》いかかる。本営《ほんえい》を守る兵たちはまたたくまに斬《き》り伏《ふ》せられた。

「何が起こったのだ」

あわてて左右を見回す吹負《ふけい》のほおを、矢がかすめた。敵《てき》の騎兵《きへい》が数十騎《き》、ひとかたまりになって突《つ》っこんでくる。

「防《ふせ》げ！　おれを守るのだ！」

吹負《ふけい》は裏返《うらがえ》った声で命じた。自身も馬にまたがり、剣《けん》を抜《ぬ》く。

本営《ほんえい》の弓兵《ゆみへい》たちがすばやく矢を放った。矢はほぼ一直線に飛んで、敵兵《てきへい》の馬に次々と命中した。傷《きず》ついた馬がいななき、暴《あば》れ出す。敵兵《てきへい》の突進《とっしん》がとまった隙《すき》に、吹負《ふけい》は急いで後方に下がった。

大友軍の奇襲《きしゅう》部隊は馬をなだめ、態勢《たいせい》を立てなおして再《ふたた》び前進をはじめた。

「しつこいやつらめ」

吹負《ふけい》はさらに後退《こうたい》し、配下の兵に指示《しじ》して壁《かべ》をつくらせた。大友軍は突破《とっぱ》をはかるが、大海人《おおあま》軍は盾《たて》を並《なら》べて守りをかため、それを許《ゆる》さない。

短い激闘《げきとう》のあと、崩《くず》れたのは大友軍のほうであった。上の道と下の道の戦いで、大海人《おおあま》軍が勝利し、中の道へ救援《きゅうえん》にやってきたのである。置始菟《おきそめのうさぎ》が騎兵《きへい》をあやつって敵軍《てきぐん》の退路《たいろ》をふさいだ。

「まったく、世話のやけるお人だ」

置始菟《おきそめのうさぎ》がつぶやいたとき、吹負《ふけい》は高らかに反撃《はんげき》を命じた。大友軍の奇襲《きしゅう》部隊は前後から挟《はさ》み撃《う》ちにされ、散り散りになって逃《に》げた。

この結果、三つすべての道で、大海人《おおあま》軍が勝利した。飛鳥《あすか》を守りきった大海人《おおあま》軍は、その後の戦いを有利に運ぶことになる。

3

琵琶湖沿《びわこぞ》いに大津《おおつ》をめざす大海人《おおあま》軍の本隊は、小さな戦闘《せんとう》に勝ちながら、着実に前進していた。飛鳥《あすか》での勝利が伝わると、さらに士気《しき》があがった。これで二方向、北から進む別働隊を入れれば三方向から大津宮《おおつのみや》を攻撃《こうげき》できる。ほぼまちがいなく勝てるだろう。

総指揮官《そうしきかん》の高市皇子《たけちのみこ》は、兵たちに呼《よ》びかけた。

「さあ、大津宮《おおつのみや》を落としに行こう。これで戦《いくさ》を終わらせるぞ」

兵たちは大歓声《だいかんせい》でこたえ、鼻息荒《あら》く進軍する。

一方の大友軍は、琵琶湖《びわこ》から流れる瀬田川《せたがわ》を最後の防衛線《ぼうえいせん》と定《さだ》め、決戦の準備《じゅんび》を進めていた。瀬田川《せたがわ》は下流に行くにしたがって、宇治川《うじがわ》、淀川《よどがわ》と名前を変え、瀬戸内海《せとないかい》にそそぐ川である。

大友軍は智尊《ちそん》という者の案で、瀬田橋《せたばし》に仕掛《しか》けをほどこした。中央部の板をはずして、かわりに長い板をおき、綱《つな》を結ぶ。敵兵《てきへい》が長い板に乗ったら、綱《つな》を引いて板を動かし、川に落とす仕掛《しか》けだ。見え見えのわなだが、板を通って橋を渡《わた》らなければ攻撃《こうげき》できないので、引っかかる者もいるだろう。

七月二十二日、両軍は瀬田川《せたがわ》をはさんでにらみあった。大海人《おおあま》軍は二万を超《こ》えており、大友軍はその半分ほどである。大友軍は当初からすると、かなり兵を減《へ》らしていた。

大海人《おおあま》軍の本陣《ほんじん》には、真っ赤《か》な軍旗が誇《ほこ》らしげにひるがえっている。風が吹《ふ》くと、赤い軍旗がいっせいに揺《ゆ》れて、まるで火が燃《も》えているかのようだ。

「者ども、進め！」

高市皇子《たけちのみこ》がよく通る声で命じた。

太鼓《たいこ》の音が雷《かみなり》のようにとどろき、大海人《おおあま》軍の歩兵《ほへい》たちが動きだす。規則《きそく》正しい足音がひびいた。それぞれの首もとで、赤い布《ぬの》がなびいている。

大友軍の兵《へい》たちはひるんだが、前衛《ぜんえい》の部隊をひきいる智尊《ちそん》が大声ではげました。

「敵《てき》は川の向こうだ。剣《けん》も矛《ほこ》も届《とど》かない。恐《おそ》れることはないぞ！」

智尊《ちそん》は壮年《そうねん》の男で、ずば抜《ぬ》けた長身の持ち主である。鷹《たか》のような目で敵兵《てきへい》をにらむと、大きな弓を手にとり、ひょうと射《い》た。うなりをあげて飛んだ矢が、先頭の兵の胸《むね》をつらぬく。一瞬《いっしゅん》、辺りが静まりかえったあと、大友軍が喜《よろこ》びにわいた。

それをきっかけに、大友軍は次々と矢を射《い》た。弓弦《ゆづる》が鳴り、川の上に矢が銀色の橋をかける。

大海人《おおあま》軍は盾《たて》で矢を防《ふせ》ぎながら、前進をつづける。やがて、先頭の部隊が橋に近づいた。

「橋を渡《わた》る敵《てき》をねらえ」

智尊《ちそん》の指示《しじ》で、大友軍が矢を橋に集中させる。

橋に足をかけた大海人《おおあま》軍の兵《へい》が、はりねずみのようになって倒《たお》れた。矢を避《よ》けようとして川に落ちる者もいる。あまりに矢の数が多いので、盾《たて》も役に立たない。

赤い布《ぬの》がさらに赤い血に染《そ》まる。

それでも、大海人《おおあま》軍は数に物を言わせて、橋の中央部まで進んだ。すると、大友軍はかけ声とともに綱《つな》を引いた。長い板が動き、上に乗っていた兵が体勢《たいせい》をくずす。

派手《はで》な水しぶきがいくつもあがった。

わながあると知って板に乗るのをためらうと、無数の矢が飛んでくる。大海人《おおあま》軍の犠牲者《ぎせいしゃ》が瀬田川《せたがわ》に浮《う》かび、下流へと運ばれていく。

「こちらも矢を使って援護《えんご》せよ」

高市皇子《たけちのみこ》の命令で、大海人《おおあま》軍は対岸にむかって矢を射《い》はじめた。

それと同時に、ひとりの勇者が登場した。大分稚臣《おおきだのわかおみ》という。豊後国《ぶんご》(今の大分県)の豪族《ごうぞく》の出身で、大津皇子《おおつのみこ》に仕えていた男である。

大分稚臣《おおきだのわかおみ》はよろいを重ね着し、剣《けん》を抜《ぬ》いて橋を駆《か》けた。兎《うさぎ》のように身軽で、馬のように速い。顔に迫《せま》る矢を剣《けん》で弾《はじ》きながら、突《つ》き進む。よろいに矢が刺《さ》さって

もまったく動じず、板が動いても体勢《たいせい》をくずさず、大きく跳《と》んでわなを突破《とっぱ》した。

その勇猛《ゆうもう》な行動に、大友軍は一瞬《いっしゅん》、反応《はんのう》できなかった。

稚臣《わかおみ》は板の綱《つな》を切るとともに、目の前の敵兵《てきへい》の足を払《はら》った。剣《けん》を振《ふ》るごとに敵《てき》兵《へい》を倒《たお》し、橋を渡《わた》りきる。

「ついてこい！」

叫《さけ》びながら、さらに剣《けん》をあやつって、大友軍の兵士《へいし》を血祭りにあげる。

大海人《おおあま》軍は、大分稚臣《おおきだのわかおみ》につづいて橋を渡《わた》った。あまりに多くの兵士《へいし》が乗ったので、橋がたわんで壊《こわ》れそうになる。それでも、橋はもちこたえ、激戦《げきせん》の場は橋から川の西岸に移《うつ》った。勢《いきお》いと数で上回る大海人《おおあま》軍が大友軍を押《お》しまくっており、激《はげ》しいが一方的な戦闘《せんとう》である。

「逃《に》げるな！　踏《ふ》みとどまって戦え！」

智尊《ちそん》は声を張《は》りあげながら、懸命《けんめい》に戦った。一人で何十人もの敵《てき》を倒《たお》して奮闘《ふんとう》するが、多勢《たぜい》に無勢《ぶぜい》、最後は疲《つか》れはてて討《う》たれた。そのころにはもう、大友軍の兵《へい》たちは戦意を失っていた。ある者は武器《ぶき》もよろいも放り出して逃《に》げ、ある者はすわりこんで両手をあげる。

大海人《おおあま》軍は抵抗《ていこう》しない敵兵《てきへい》は殺《ころ》さなかった。すでに戦後の政治《せいじ》を視野《しや》に入れて、命令を出しているのだ。

赤い波が大友軍を飲みこみ、本陣《ほんじん》へ達しようとしている。

その様子を見て、大友皇子《おおとものおうじ》は唇《くちびる》をかみしめた。

血の味が口中に広がった。心のなかで十市皇女《とおちのひめみこ》にあやまりながら、大友皇子《おおとものおうじ》は後方へと馬を走らせた。

「ここまでか……」

瀬田橋《せたばし》の戦いに勝利した大海人《おおあま》軍の本隊は、戦場から逃亡《とうぼう》した大友皇子《おおとものおうじ》を追った。

このとき、飛鳥《あすか》から北上する大海人《おおあま》軍が、南から大津宮《おおつのみや》をうかがうと同時に、西方への脱出路《だっしゅつろ》をふさいでいる。

逃《に》げ場のなくなった大友皇子《おおとものおうじ》は、瀬田川《せたがわ》近くの丘《おか》に広がる林に身をひそめた。

数人の供《とも》がつきしたがっているだけで、天智天皇《てんじてんのう》の前で忠誠《ちゅうせい》を誓《ちか》った重臣たちも、大勢《おおぜい》いた護衛《ごえい》の兵も、側《そば》から消えていた。

ひと晩《ばん》が過《す》ぎた。朝になると、丘《おか》のまわりは赤い布《ぬの》を首に巻《ま》いた兵に囲《かこ》まれていた。

「どこもかしこも敵《てき》ばかりか」

大友皇子《おおとものおうじ》は他人事《ひとごと》のようにつぶやいた。どこでまちがえたのか、振《ふ》り返るつもりはなかった。ただ、静かに覚悟《かくご》を定《さだ》めた。

七月二十三日、大友皇子《おおとものおうじ》はみずから死を選んだ。二十五歳《さい》であった。その首は供《とも》の者によって敵陣《てきじん》に届《とど》けられ、さらに不破《ふわ》の大海人皇子《おおあまのおうじ》のもとへ運ばれた。

翌《よく》二十四日、大津宮《おおつのみや》が大海人皇子《おおあまのおうじ》軍に占領《せんりょう》された。壬申《じんしん》の乱《らん》はここに終結する。

勝利の報告《ほうこく》を受けた大海人皇子《おおあまのおうじ》は、大きく息をついた。喜《よろこ》びよりも、ほっとした気持ちのほうが強かった。一歩まちがえれば、運が敵《てき》に味方していれば、首だけになっていたのは自分のほうかもしれない。

また、この乱《らん》は身内同士《どうし》の戦いであった。後味の悪さはぬぐえない。

「まずは許《ゆる》すことからはじめよう」

それは事前に妻《つま》の鸕野讃良《うののさらら》に助言されていたことであった。処刑《しょけい》を命じたのは大友皇子《おおとものおうじ》の重臣ひとりだけで、全体的に罰《ばつ》は軽かった。最後まで大友皇子《おおとものおうじ》の側にしたがった者は、忠誠心《ちゅうせいしん》を認《みと》められて許《ゆる》された。

大海人皇子《おおあまのおうじ》は戦後処理《しょり》をおこなったあと、九月八日に桑名《くわな》におもむき、妻《つま》や子どもたちと再会《さいかい》を果たした。

「おめでとうございます。無事に会えてうれしゅうございます」

讃良《さらら》が祝いの言葉を述《の》べると、大海人皇子《おおあまのおうじ》は顔をほころばせた。

「意外だな。そなたは『大事なのはこれからです』などと言うと思っていた」

「わかっておいでなら、あえて申し上げることはありません」

讃良《さらら》はすました顔で言うと、一転して笑《え》みを浮《う》かべた。

二人は桑名《くわな》から飛鳥《あすか》にむかった。吉野《よしの》を脱出《だっしゅつ》したときの道を逆《ぎゃく》にたどり、勝者としてかつての都に入る。

大海人皇子《おおあまのおうじ》は飛鳥《あすか》に新しい宮殿《きゅうでん》を建てた。後《のち》に飛鳥浄御原宮《あすかきよみはらのみや》と呼《よ》ばれる宮殿《きゅうでん》だ。

そして翌年《よくねん》、西暦《せいれき》六七三年に即位《そくい》した。天武天皇《てんむてんのう》の誕生《たんじょう》である。讃良《さらら》は皇后《こうごう》に立てられた。二人は手を取りあって、政治《せいじ》をおこなっていくことになる。

4

天武天皇《てんむてんのう》は天智天皇《てんじてんのう》の政治《せいじ》を受け継《つ》ぐとともに、大きく発展《はってん》させて、天皇《てんのう》中心の政治体制《せいじたいせい》をつくろうと努めた。大臣はおかずに天皇《てんのう》に権力《けんりょく》を集中させ、豪族《ごうぞく》は役人として使った。補佐《ほさ》するのは皇后《こうごう》と皇子《みこ》たちであった。

天武天皇《てんむてんのう》がはじめた三つの重要な事業は、後《のち》の世代に完成した。律令《りつりょう》の制定《せいてい》

（「飛鳥浄御原令《あすかきよみはらりょう》」西暦《せいれき》六八九年、「大宝律令《たいほうりつりょう》」西暦《せいれき》七〇一年）、歴史書《れきししょ》の編纂《へんさん》

（『古事記《こじき》』西暦《せいれき》七一二年、『日本書紀《にほんしょき》』西暦《せいれき》七二〇年）、藤原京《ふじわらきょう》の造営《ぞうえい》（西暦《せいれき》六九四年遷都《せんと》）である。

天武天皇《てんむてんのう》は着実に政治《せいじ》を進めながら、後継者《こうけいしゃ》について思い悩《なや》んでいた。みずからは反乱《はんらん》を起こして権力《けんりょく》をつかんだが、同じことを繰《く》り返してはならない。政治《せいじ》を安定させるためには、天智天皇《てんじてんのう》がめざしたように、親から子へと天皇《てんのう》の位を受け継《つ》いでいくべきであろう。そして、後継者《こうけいしゃ》はあらかじめはっきりさせておかなければならない。

天武天皇《てんむてんのう》八年（西暦《せいれき》六七九年）、天武天皇《てんむてんのう》は皇后《こうごう》の鸕野讃良《うののさらら》と、六人の皇子《みこ》を連れて吉野《よしの》におもむいた。

六人の皇子《みこ》のうち、天武天皇《てんむてんのう》の息子《むすこ》は四人で、讃良《さらら》が産んだ草壁皇子《くさかべのみこ》、讃良《さらら》の姉の子の大津皇子《おおつのみこ》、壬申《じんしん》の乱《らん》で活躍《かつやく》した高市皇子《たけちのみこ》、吉野《よしの》から桑名《くわな》まで同行した忍壁皇子《おさかべのみこ》である。他の二人は天智天皇《てんじてんのう》の息子《むすこ》だ。

天武天皇《てんむてんのう》は草壁皇子《くさかべのみこ》を後継者《こうけいしゃ》と定《さだ》め、六人が協力することを誓《ちか》わせた。このと

き、草壁皇子《くさかべのみこ》は十八歳《さい》、大津皇子《おおつのみこ》がそのひとつ下で、最年長の高市皇子《たけちのみこ》は二十六歳《さい》であった。

草壁皇子《くさかべのみこ》は皇后《こうごう》の子だから、皇太子《こうたいし》となるのは自然である。ただ、大津皇子《おおつのみこ》と比《くら》べると、才能《さいのう》と器量の差は明らかだった。大津皇子《おおつのみこ》は乗馬や弓が得意《とくい》で、学問好きでも知られていた。容姿《ようし》もすぐれており、明るい性格《せいかく》で男女問わず人気がある。対する草壁皇子《くさかべのみこ》は病弱で目立たず、性格《せいかく》もひかえめだった。

草壁皇子《くさかべのみこ》に天皇《てんのう》がつとまるだろうか。多くの者が不安に思った。天武天皇《てんむてんのう》も、大津皇子《おおつのみこ》のほうが天皇《てんのう》にふさわしいと考えるようになる。

だが、讃良《さらら》は違《ちが》った。次の天皇《てんのう》は、自分の息子《むすこ》でなければならない。

朱鳥《しゅちょう》元年（西暦《せいれき》六八六年）九月九日、天武天皇《てんむてんのう》が亡《な》くなると、讃良《さらら》はためらわずに動いた。謀反《むほん》の罪《つみ》をでっちあげて、大津皇子《おおつのみこ》を自殺《じさつ》させる。天皇《てんのう》の死からひと月も経《た》たないうちの早業《はやわざ》であった。

もっとも、すぐに草壁皇子《くさかべのみこ》を即位《そくい》させることはできなかった。大津皇子《おおつのみこ》に心を寄《よ》せる者が多く、また草壁皇子《くさかべのみこ》が二十五歳《さい》と若《わか》くて経験《けいけん》が足りなかったため、時をおく必要があった。讃良《さらら》はしばらく自分が政治《せいじ》をおこなって、草壁皇子《くさかべのみこ》の即位《そくい》を実現《じつげん》させようとする。

しかし、二年半後、草壁皇子《くさかべのみこ》は即位《そくい》する前に病死した。

天武天皇《てんむてんのう》の他の子を天皇《てんのう》にするなど、讃良《さらら》には耐《た》えられなかった。天皇《てんのう》になるべきは、草壁皇子《くさかべのみこ》の忘《わす》れ形見、軽皇子《かるのみこ》だ。しかし、軽皇子《かるのみこ》はまだ七歳《さい》だった。

「私《わたし》がやるしかない」

讃良《さらら》はみずから即位《そくい》した。これが持統天皇《じとうてんのう》である。

持統天皇《じとうてんのう》は抜群《ばつぐん》の政治力《せいじりょく》をもって、天武天皇《てんむてんのう》がやり残した事業を進め、政治制度《せいじせいど》をととのえた。高市皇子《たけちのみこ》と、中臣鎌足《なかとみのかまたり》の息子《むすこ》である藤原不比等《ふじわらのふひと》が持統天皇《じとうてんのう》を支《ささ》えた。

軽皇子《かるのみこ》が十五歳《さい》になった年、持統天皇《じとうてんのう》は譲位《じょうい》した。生前の譲位《じょうい》は、乙巳《いっし》の変の際《さい》の皇極天皇《こうぎょくてんのう》以来、二度目である。持統天皇《じとうてんのう》は、年若《としわか》い天皇《てんのう》を立てても揺《ゆ》らがな

い体制《たいせい》をつくりあげていた。

なお、大友皇子《おおとものおうじ》の妻《つま》であった十市皇女《とおちのひめみこ》は、壬申《じんしん》の乱《らん》の六年後に急死した。額田王《ぬかたのおおきみ》は持統天皇《じとうてんのう》の治世にも歌を残しており、長く宮廷《きゅうてい》で活躍《かつやく》したものと思われる。

譲位《じょうい》した持統天皇《じとうてんのう》は上皇《じょうこう》として政治《せいじ》をおこない、大宝《たいほう》二年十二月（西暦《せいれき》では七〇三年一月）に亡《な》くなった。五十八歳《さい》であった。

壬申《じんしん》の乱《らん》について

最初にお断《ことわ》りしておきます。日本において「天皇《てんのう》」という君主号が使われるようになったのは、天武天皇《てんむてんのう》の時代であるというのが、もっとも有力な説です。しかし、本作では、読者のみなさんにわかりやすくするため、それ以前の君主にも「大王《おおきみ》」などではなく、「天皇《てんのう》」を使いました。ご承知《しょうち》おきください。

さて、壬申《じんしん》の乱《らん》は、大友皇子《おおとものおうじ》と大海人皇子《おおあまのおうじ》が天皇《てんのう》の位をかけて争った戦いです。大海人皇子《おおあまのおうじ》が反乱《はんらん》を起こした側になります。

ただ、乱《らん》のくわしい経緯《けいい》や事情《じじょう》などは、明らかになっていない部分が多く、様々な学説が唱えられています。古い時代なので仕方がないのですが、謎《なぞ》が多い一番の理由は、史料《しりょう》が少ないからです。『日本書紀《にほんしょき》』がもっとも重要な史料《しりょう》なのですが、この歴史書《れきししょ》は勝者の側から書かれたもので、必ずしも史実《しじつ》とは言い切れないところがあります。また、日本最古の歌集である『万葉集』も歴史《れきし》研究に使われますが、和歌は事実をそのまま表現《ひょうげん》するものではありませんから、根拠《こんきょ》にするのはやや危険《きけん》です。

したがって、本作では、『平将門《たいらのまさかど》・藤原純友《ふじわらのすみとも》の乱《らん》』と同様に、創作《そうさく》の部分が多くなりました。歴史《れきし》上の人物の性格《せいかく》づけについては、異《こと》なる意見もあると思います。

壬申《じんしん》の乱《らん》は以前から、小説や漫画《まんが》の題材としてよく用いられ、たくさんの名作が生まれています。戦《いくさ》、陰謀《いんぼう》、恋愛《れんあい》、悲劇《ひげき》と、物語《ものがたり》をおもしろくする要《よう》素《そ》が詰《つ》まっていて、なおかつ作者が想像《そうぞう》の翼《つばさ》を広げる余地《よち》も大きいので、それも当然でしょう。

時代とともに、価値観《かちかん》や文化が違《ちが》ってきますが、時を超《こ》えて通じる感情《かんじょう》もあります。たとえば、自分の子どもに後を継《つ》がせたいという思いは、いくつもの乱《らん》の原因《げんいん》となりました。時代によって変わるもの、また変わらないものについて、考えてみるのもおもしろいと思います。

感情《かんじょう》もそうですが、地形もあまり変わりません。壬申《じんしん》の乱《らん》においても、関ヶ原の近くが重要な舞台《ぶたい》になりました。伊賀《いが》から伊勢《いせ》への山越《やまご》えの道は、徳川家康《とくがわいえやす》の伊賀越《いがご》えでも有名です。地理的に重要な場所や道は、人が地上を移動《いどう》している間は変わらないので、同じ場所が何度も戦いの舞台《ぶたい》になります。

こういった重要性《じゅうようせい》は、平面図を見ているだけではつかみにくいかもしれません。高低がわかる立体的な地図や画像《がぞう》を見ると、新たな気づきがあるでしょう。もちろん、実際《じっさい》に訪《おとず》れて、自分の五感で確《たし》かめてみるのが一番です。歴史《れきし》の息吹《いぶき》を感じてみてほしいと思います。

壬申《じんしん》の乱《らん》の話に戻《もど》りますと、天武天皇《てんむてんのう》と持統天皇《じとうてんのう》、及《およ》びそれにつづく文武《もんむ》天皇《てんのう》の治世は、政治《せいじ》のみならず、宗教《しゅうきょう》や文化においても、後世につながる日本の基礎《きそ》がつくられた時代です。そもそも、「日本」という国号が定《さだ》められたのも、この頃《ころ》だと考えられているのです。もし大友皇子《おおとものおうじ》が勝っていたら、その後の歴史《れきし》はかなり変わっていたかもしれません。

壬申《じんしん》の乱《らん》は、勝ったほうが天下をとるという、天下分け目の戦いでした。その意味でも、関ヶ原の戦いに似《に》ています。勝敗が逆《ぎゃく》だったら、と、歴史《れきし》のイフを考えてみるのも、きっと楽しいと思います。

著者　小前 亮（こまえ・りょう）

一九七六年、島根県生まれ。東京大学大学院修了。専攻は中央アジア・イスラーム史。二〇〇五年に歴史小説『李世民』（講談社）でデビュー。著作に『賢帝と逆臣と　康熙帝と三藩の乱』、『ヌルハチ　朔北の将星』（ともに講談社）、『月に捧ぐは清き酒　鴻池流事始』（文藝春秋）、『星の旅人　伊能忠敬と伝説の怪魚』、「真田十勇士」シリーズ、「新選組戦記」シリーズ、『服部半蔵（上）（下）』、『江戸を照らせ　蔦屋重三郎の挑戦』（いずれも小峰書店）、『あきらめなかった男』、『フィリムの翼（上）（下）』（ともに静山社）、「三国志」シリーズ（静山社ペガサス文庫）などがある。

画家　斎賀時人（さいが・ときひと）

兵庫県出身・在住。嵯峨美術短期大学非常勤講師。フリーランスのイラストレーターとして活動。書籍の装画を中心にCD、広告、ゲーム等のアートワークを手掛けている。

ものがたり日本の乱 5

壬申の乱　帝位はどちらの皇子に？

2025年 3 月初版
2025年 3 月第 1 刷発行

著者　小前 亮
画家　斎賀時人
発行者　鈴木博喜
発行所　株式会社理論社
〒101-0062　東京都千代田区神田駿河台2-5
電話　営業03-6264-8890
編集03-6264-8891
URL https://www.rironsha.com

装幀　長﨑 綾（next door design）
組版　アジュール
印刷・製本　中央精版印刷
編集　小宮山民人

ISBN978-4-652-20612-6　NDC210　四六判　19cm　P146

② 承久の乱

幕府と朝廷の絆がゆらぐ

源頼朝の死後、鎌倉幕府の有力者たちは権力闘争を繰り広げる。──なぜ、心をひとつにできないのか？　頼朝の妻・北条政子の思いが、やがて始まる朝廷と幕府の戦いを左右する。

3 保元・平治の乱

移りゆく勝者と敗者

鳥羽法皇の院政時代――。皇位継承をめぐって、崇徳上皇を支持する勢力と、後白河天皇を支持する勢力が、対立を深めていく。武家の頂点に立つ平清盛は、どちらに味方するのか?

④

平将門・藤原純友の乱

新皇と海賊

平安時代中期——坂東での争いに勝利した平将門は「新皇」を名乗る。そのころ瀬戸内では、藤原純友が「海賊」として朝廷と対立していた。なぜ、二人は〈反乱者〉と呼ばれるようになったのか？

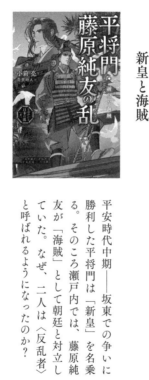

5

壬申の乱

帝位はどちらの皇子に？

大化の改新を進めようとする天智天皇を支えたのは、弟の大海人皇子だった。しかし天智は、息子の大友皇子に、皇位を継がせようとしていた。そして、天下分け目の戦いがはじまる。